Widmung

Ich widme dieses Buch meinem ersten eigenen
Pferd „New Spirit".

Meinem Mentor, meinem Professor, meinem Begleiter, meinem Fels in der Brandung und meinem See-
lenfreund.

Er war und ist es, der mir die Augen geöffnet und mir
einen gänzlich neuen Weg des Zusammenseins gezeigt hat – und dies noch immer stetig tut. Und dadurch auch seinem Namen „New Spirit", den ich ihm
damals sehr bewusst gegeben habe, alle Ehre macht.

Danke Spirit, dass Du in mein Leben getreten bist!
Danke für all die Weisheiten, die Du mich in den bisherigen Jahren gelehrt hast. Danke für all die Wahrnehmungen und Erkenntnisse, die ich durch Dich
bereits erlangen konnte. Danke für einfach Alles, was
Du mir bisher geschenkt hast und noch schenken
wirst.

Ich liebe Dich von ganzem Herzen und aus der Tiefe
meiner Seele!

Patricia Wegmann

Wir sind eine Herde

Bibliografische Information der Deutschen Nationalbibliothek: Die Deutsche Nationalbibliothek verzeich-
net diese Publikation in der Deutschen Nationalbibli-
ografie; detaillierte bibliografische Daten sind im
Internet über http://dnb.dnb.de abrufbar.

Illustration & Buchcover: Manuela Feldmann
www.love-fotografie.ch

Herstellung und Verlag: BoD – Books on Demand,
Norderstedt

ISBN: 978-3-7448-1608-3

Inhaltsverzeichnis

Rückblick und Vorschau

Kurz nachdem ich dieses Buch nach monatelanger Arbeit eigentlich fast fertig geschrieben hatte, kündigten sich bei mir viele neue Perspektiven, Gedanken, Visionen und Gefühle im Zusammenhang mit unseren Pferden an. Und ich stand plötzlich da und fragte mich:

„Stimmt es denn für mich noch zu veröffentlichen, was ich da geschrieben hatte? Ist das die Botschaft, die ich vermitteln möchte?"

Denn just zu jenem Zeitpunkt, als das Werk zumindest im Grundgerüst vollendet schien, spürte ich, dass mein pferdisches Weltbild noch einmal ganz neue, bisher ungesehene und ungeahnte Facetten zu erhalten schien und dabei so manchen bisherigen Rahmen zu sprengen begann. Neue Visionen und Wahrnehmungen kündigten sich wie zarte Silberstreifen am Horizont an und so kam es, dass dieses Buch tatsächlich während einiger Monate einfach liegen blieb. Unbeachtet und unbearbeitet. Da ich in jenen Monaten schlicht viel zu sehr mit den neu ankommenden und entstehenden Gedanken und Ideen zu tun hatte und mich erst einmal wieder selber finden und neu orientieren musste.

Mit „Wolfsgeist - Weisheiten des Lebens" veröffentlichte ich im März des aktuellen Jahres mein erstes eigenes Buch, das gesammelte Werke aus 5 Jahren medialer, spiritueller und beratender Arbeit enthält. Mit dieser – ehrlicherweise eher etwas spontan entschiedenen und umgesetzten – Veröffentlichung und der darauf folgenden positiven Resonanz erhielt ich wieder neuen Schwung für die Fertigstellung von „Wir sind eine Herde".

Heute glaube ich, dass dieses Buch keine Ankunft und auch kein Ende ist, sondern viel mehr eine Art Zwischenstation meines bisherigen pferdischen Lebensweges. Eine Station an der ich wichtige und wertvolle Zusammenhänge und Hintergründe festhalten möchte. Denn alles, was seither in mir und im Zusammensein mit den Pferden entstand, war nur möglich mit diesem Grundgerüst, welches ich in diesem Buch zu vermitteln versuche.

Dieses Buch bildet also eine Art Fundament / Basis, ohne dabei den Anspruch zu erheben, abschliessend zu sein. Denn wie könnte ein so hoch komplexes und vielschichtiges Thema jemals abschliessend sein!?!

Mit unseren Pferden und in unserem ganz persönlichen Lernprozess befinden wir uns auf einer stetigen Reise, die vermutlich nie enden wird. Denn ausgelernt hat man bekanntlich nie und viele Wege führen nach Rom – oder eben auch: zum Pferd.

Aber genau das macht es ja auch so unendlich spannend – ein Leben lang dazu zu lernen und Schicht für Schicht tiefer einzutauchen in das, was wir für uns als Wahrheit betrachten. Daher ist es auch durchaus möglich, dass ich zu einem späteren Zeitpunkt manche Dinge vielleicht anders sehen werde, als ich dies heute tue. Denn Leben bedeutet Entwicklung und verlangt manchmal Altes über Bord zu werfen, um etwas Neuem Raum zu bieten.

Ich bin auf jeden Fall selber sehr gespannt, wohin meine pferdische Lebensreise noch führen wird. Und bin mir dabei fast sicher, dass noch weitere Bücher erscheinen werden. Denn es gibt noch so viel mehr zu erzählen, zu berichten, zu lehren, zu zeigen und zu vermitteln. Ich werde mich, wie so oft, dabei vom Leben tragen und führen lassen ☺

Einleitung

Pferde gelten vielerorts noch immer als Sportgeräte oder einfach als Objekte, die man besitzt, die ausserdem meist viel kosten und (daher?) traurigerweise oftmals schlichtweg zu funktionieren haben.

Allzu schnell vergisst der Mensch, dass es sich um fühlende und lebende Wesen handelt, die genau wie wir auch körperliche Schmerzen und psychische Belastungen empfinden können und ihren ganz eigenen, besonderen Charakter mitbringen. Und genau wie wir müssen auch Pferde manchmal durch ihre eigenen Lern- & Entwicklungsprozesse hindurch gehen und benötigen dabei vor allem Eines: Zeit! (Ein in der heutigen Gesellschaft leider sehr rar gewordenes Gut)

Der Mensch vergisst dabei leider oftmals auch – oder ist sich dessen womöglich gar nicht bewusst –, dass Pferde so manche Dinge nicht einfach so von von sich aus können (oder zu können haben). Sondern, dass es die Aufgabe des Menschen ist, sie an die Aufgaben und neuen Herausforderungen im Zusammenleben mit dem Menschen und besonders an die Herausforderungen als Reitpferd heranzuführen.

Dadurch, dass mir mein erstes eigenes Pferd „New Spirit" bereits als 5 Tage altes Fohlen begegnete, wurde ich schon sehr früh darauf sensibilisiert, wie sehr wir die Pferde prägen (können). Wenn man ein Pferd seit seinem Fohlenalter kennt und begleitet, erlebt man direkt und unverfälscht, wie viel erst durch menschliche Beeinflussung entsteht – im Positiven, wie im Negativen.

Dieses Buch soll jedoch keine Anleitung zu einer glücklicheren und harmonischeren Beziehung mit dem Partner Pferd darstellen. Denn Anleitungen bedingen immer auch eine gewisse Begrenztheit. Und gerade im Zusammensein mit Pferden ist es doch viel eher die Freiheit, die wir anstreben sollten, und nicht die Begrenzung.

Letzten Endes ist jedes Pferd-Mensch-Paar individuell und geprägt von eigenen Themen, Gefühlen, Verbindungen und Verstrickungen. Und dabei sind Anleitungen und Techniken fast immer viel zu verallgemeinernd bzw. pauschalisierend. Dieses Buch soll daher mehr als Inspirationsquelle dienen. Ich möchte darin einige Türchen anschauen, öffnen und die dahinterliegenden Räume betreten und gemeinsam mit Dir erkunden. Durch welche dieser Türen Du mit mir hindurch gehen möchtest, ist ganz Dir selbst überlassen. Aber vielleicht findest Du für Dich persönlich hinter einer oder mehrerer dieser Türen Deine ganz eigene, persönliche Wahrheit.

Zu meiner Person: Ich bin 1983 im Sternzeichen der Fische geboren und in der Schweiz Zuhause. Seit ich denken kann, bin ich fasziniert von Pferden.

Mit 9 Jahren schenkten mir meine Eltern die ersten Reitstunden. Mein Start in die Pferdewelt war damals wohl einer, wie der von vielen. Ich erhielt Reitunterricht auf einem Schulbetrieb in Gruppenlektionen. Nach diesem Startschuss hatte ich in den darauf folgenden ca. 15 Jahren verschiedene pferdische Stationen und auch ein paar Pflegepferde, aber es gab auch Zeiten in denen ich gar keinen Kontakt zu Pferden hatte. Und dann schenkte mir das Leben ein Pflegepferd, das mich besonders reiterlich unglaublich bereicherte. Ein weit ausgebildeter Lusitanowallach namens Priam. Mit ihm durfte ich in die Welt der klassischen Reitkunst eintauchen, in der ich mich auch heute noch sehr Zuhause fühle.

2009 begegnete mir dann „New Spirit" im Alter von gerademal 5 Tagen und schnell war klar, dass wir zusammen gehören. So kam es, dass mein erstes eigenes Pferd als Fohlen mein Leben betrat. Den Namen „New Spirit" erhielt er damals von mir und dies sehr bewusst. Da ich bereits ahnte, dass er einen neuen Spirit / Geist, eine neue Zeit / Ära, eine neue Wahrnehmung in mein Leben bringen wird.

Im selben Jahr begann ich die Ausbildung zur zertifizierten Pferdeverhaltenstherapeutin, welche ich 2010 erfolgreich abgeschlossen habe. Diese Ausbildung öffnete mir die Tür für die andere Seite der Pferdewelt: Die Seite des Unterrichtens und Beratens. Und bot mir dadurch die Möglichkeit mit so manchem „Problempferd" arbeiten zu können und unterschiedliche Pferd-Mensch-Paare zu begleiten.

Bei dieser Arbeit geht es jedoch fast immer darum den Menschen zu schulen, zu unterstützen und zu fördern und weniger darum, das Pferd zu „therapieren". Es geht meist darum dem Menschen sein Pferd bzw. das Verständnis für sein Pferd näher zu bringen, ihm das – meist natürliche – Verhalten seines Pferdes zu erklären und verständlich zu machen. Denn die Pferde sind nicht das Problem. Es ist immer der Mensch, der Misverständnisse verursacht und dazulernen muss. Pferde sind einfach Pferde. Der Mensch ist derjenige, der sich von der Natur entfremdet hat und etwas von seinem Pferd möchte und nicht umgekehrt. Also ist es in meinen Augen auch der Mensch, der lernen muss, sich auf diese feinen Wesen einzulassen.

Ich bin ein äusserst vielschichtiger Mensch. Das zeigt sich auch in meinen heutigen Tätigkeitsbereichen, denn ich fühle mich auf scheinbar unterschiedlichen Ebenen Zuhause. Die Ausbildung zur Pferdeverhaltenstherapeutin hat mir ein spannendes Fundament und neue Ansätze geliefert und mir nicht zuletzt auch den Startschuss für Beratungen in der Pferdewelt ermöglicht. Die wissenschaftlichen Hintergründe und Zusammenhänge haben mir dabei geholfen vieles besser zu verstehen. Doch bildet dies letztendlich nur einen kleinen Teil des grossen Ganzen.

Denn als hochsensibler Mensch besitze ich seit meiner Kindheit einen besonderen Zugang zu unserer Welt und vor allem auch zur medialen, geistigen und spirituellen Welt. Und ganz besonders zu Tieren und der Natur im Allgemeinen. Seit 2012 bin ich selbständig im medialen, spirituellen und beratenden Bereich für Mensch und Tier tätig bin. Mehr dazu findest Du auf meiner Homepage: www.wolfsgeist.ch. Heute verbinde ich mit dieser Homepage auch die Arbeit mit den Pferden.

2015 kam noch ein weiterer Zweig hinzu: Verkauf und Beratung für baumlose Sättel & Zubehör (www.baumlos.ch).

Während ich früher eher meinem Wissensdrang fröhnte, indem ich Ausbildungen besuchte oder Bücher wälzte – nicht, dass ich heute keine Bücher mehr lesen oder mich nicht mehr weiterbilden würde! – ist das eigene Spüren, das eigene Suchen und Finden nach „meiner ganz persönlichen Wahrheit" in den letzten Jahren deutlich in den Vordergrund gerückt. Und so widme ich mich heute oftmals lieber diesem eigenen Spüren, Wahrnehmen und Erkennen, als der Vermehrung von faktischem Wissen. Denn ich habe die Begrenztheit von Wissen für mich erkannt. Und so glaube ich heute, dass Wissen und die daraus folgende Wissenschaft uns zwar durchaus tieferliegende Zusammenhänge aufzeigen und erläutern können. Aber dabei niemals das grosse Ganze zu erfassen oder gar widerzuspiegeln vermögen. Denn der Blick der Wissenschaft ist immer begrenzt auf einen kleinen Ausschnitt. Niemals werden dabei alle Faktoren und Variablen berücksichtigt, die das Leben in sich trägt.

Deshalb glaube ich, dass Wissen eine Basis bilden kann, von der aus wir neue Wege einschlagen können. Am Ende ist es jedoch das Gespür, das uns über den Tellerrand hinaus befördert. Und diese Verbindung von Wissen und Intuition liegt auch diesem Buch zu Grunde. Wie sagt man so schön? Die Mischung macht's! ☺

Ich mag es, diese scheinbar so unterschiedlichen Ebenen der Wissenschaft und Intuition miteinander zu verbinden. Mich hin und her zu bewegen zwischen „realer" und vermeintlich „nicht-realer" Welt. Und so Verbindungen zu schaffen, wo zu Beginn vielleicht scheinbar keine waren.

Durch meinen Zugang zu einer für viele Menschen gänzlich unbekannten oder unzugänglichen Welt, hat sich für mich in den letzten Jahren ein ganz eigenes Weltbild entwickelt. Eine ganzheitliche Form der Wahrnehmung der Pferde und der Beziehung zwischen Mensch und Pferd. Ein Weltbild, das sich stetig weiter entwickelt und immer mehr an Tiefe und neuen Facetten gewinnt. Veraltete Gedanken fallen weg, neue Aspekte kommen hinzu. Wie ein Boot auf einem ewigen Fluss und an jedem Tag und in jeder Begegnung mit Pferden und Menschen lerne auch ich wieder etwas Neues dazu.

Ich möchte meine Wahrnehmungen und Ansichten mit Dir, liebe Leserin, lieber Leser, in diesem Buch teilen. Ich möchte aber nicht behaupten, dass mein Weg der einzig Richtige wäre. Denn das wäre anmassend und schlichtweg unrealistisch. Denn „diesen einen richtigen Weg" gibt es in meinen Augen gar nicht. Aber ich hoffe, Dich vielleicht mit diesem Buch ein wenig inspirieren zu können. Ich möchte Dich mit diesem Buch einladen einen Teil meines Weges kennen zu lernen und mit mir ein Stück dieses Weges gemeinsam zu gehen.

Mein persönlicher Weg folgt ganz dem Ruf: „Back to nature / Zurück zur Natur!"
Denn es ist der Mensch, der den Zugang zur Natur und einer natürlichen Lebensweise verloren hat. Und somit eben auch einen natürlichen Zugang und Umgang mit unseren Tieren.

So gesehen liegt in der Begegnung mit Pferden für uns immer auch eine Möglichkeit zur Rückkopplung mit der Natur. Pferde erden uns, sie bringen uns zur Ruhe. Alles, was ich bisher von Pferden gelernt habe, entspringt einer natürlichen Quelle, einer natürlichen Ordnung und einem natürlichen Zustand.

Ich wünsche Dir viel Freude beim Lesen dieses Buches und hoffe, dass Du dabei immer mehr in das, was ich Herdenbewusstsein nenne, eintauchen kannst. Nimm aus diesem Buch das mit, was Du für Dich gebrauchen kannst und lass das, was für Dich nicht stimmig ist, einfach stehen. Und finde so zu Deiner ganz persönlichen Wahrheit und Deinem ureigenen Weg.

Wir sind eine Herde

Warum trägt dieses Buch den Titel „Wir sind eine Herde"?

Weil ich davon überzeugt bin, dass wir mit der Beziehung zu unseren Pferden eine kleine, gesonderte Form einer Herde bilden. Dass Pferde uns den Sinn für Gemeinschaft lehren, was es wirklich bedeutet füreinander da zu sein, einander zu zuhören und einander zu begleiten. Und uns dadurch weg führen von unserem „Ego", von selbstzentrierten Gedanken und Zielen.

Für Pferde gelten die Herdenprinzipien immer. Denn das Bedürfnis nach Bindung und Gemeinschaft, in der auch gewisse Regeln und Bestimmungen gelten, aber aus der heraus auch etliche Vorteile entspringen, liegt in ihrer Natur. Sie können sozusagen gar nicht anders, als eine Herde zu bilden. Denn Pferde sind der Inbegriff von Gemeinschaft.

Wir sind eine Herde – dieser Satz vermittelt nach meinem Gefühl kurz und direkt wie ich persönlich zu meinen Pferden stehe und was ich allen Pferdebesitzern wünsche. Es geht um Gemeinschaft, um Zusammenleben und Zusammensein. Genau genommen geht es um eine Lebenseinstellung und vorallem: ein Gefühl! Es geht darum, dass man aufeinander acht gibt, dass man gut zueinander schaut und sorgsam miteinander umgeht. Dass man einander achtet und respektiert und dankbar ist für die gemeinsame Zeit, die einem vom Leben geschenkt wird. Darum, dass man füreinander da ist, in guten wie in schlechten Zeiten. Darum im Gegenüber – und somit auch in sich selbst – das Höchstmögliche zu sehen und zu fördern. Darum, sich auf die Weisheit und Sanftheit dieser wunderbaren Geschöpfe einzulassen. Sich von ihnen auch mal führen und leiten zu lassen. Und manchmal geht es auch darum etwas von sich selbst für das Wohl des grossen Ganzen aufzugeben. Einzutauchen in eine Welt fernab vom Ego, fernab von unserem allzu eingeschränkten Geist und unserer ver-rückten Welt.

Ein Pferd ist nicht bloss ein Tier, das man besitzt. Es ist ein Partner, ein Freund und ein Lehrmeister. Aber damit ich diese Ebene mit meinem Pferd erreichen kann, muss ich einige Dinge berücksichtigen. Vermenschlichte Liebe ist genauso Fehl am Platz wie Gewalt, Beherrschung und ständige Kontrolle.

Die Pferde lehren uns einen einzigartigen Weg, der uns wieder zum Kern unseres wahren Selbst zurück führt. So zumindest erlebe ich es.

Sie lehren uns Güte, Vertrauen, Freiheit, Sanftheit, Klarheit, Bewusstheit, Demut, Dankbarkeit und noch viel mehr. Werte, die wir teilweise längst vergessen oder verloren haben.

Ich wünsche mir, dass immer mehr Pferdebesitzer das Bild von „Wir sind eine Herde" in ihrem Herzen tragen, wenn sie mit ihrem Pferd gemeinsam Zeit verbringen. Und daduch wegkommen vom bisher schon so oft ausgetrampelten Pfad des „Mensch bestimmt, Pferd muss funktionieren".

Der einseitige Blick, dass der Mensch unbedingt immer und womöglich noch mit Härte und Strenge führen müsse, verhindert den tieferen Zugang zu diesen Wesen. Beobachten wir Herden in freier Wildbahn, so sehen wir schnell, dass die Strukturen und Hierarchien nicht ganz so starr sind, wie es bisher oft geglaubt und vermittelt wurde. Und wir werden uns auch darüber bewusst, dass das Leben der Pferde nicht aus ständigen Rangordnungskämpfen besteht. Das können wir sogar bei unseren domestizierten Pferdeherden beobachten. Ist die Rangordnung einmal geklärt, herrscht in der Regel Ruhe. Denn genau darum geht es bei einer Rangklärung: Ruhe in die Gruppe zu bringen. Nicht Aufregung, nicht Kampf, sondern Ruhe, Entspannung und Klarheit. Es geht um die Herstellung von Ordnung und nicht Chaos.

Wenn jeder weiss, wo sein Platz ist, entsteht Ruhe, Entspannung und ein Gefühl der Sicherheit. Das Bild eines Pferdes, das ständig einen höheren Rangplatz – und somit auch die Führung – möchte, ist schlichtweg FALSCH.

Mit diesem verfälschten Bild im Hinterkopf begegnen wir unseren Pferden dementsprechend automatisch auch auf einer völlig falschen Ebene. Denn dann haben wir ja ständig Angst davor, dass sie uns untergraben möchten, weil sie einen höheren Rangplatz anstreben. Dass sie uns unseren Platz streitig machen wollen und uns grundsätzlich misstrauen. Hier spürt man schnell, wie viel Anspannung das vorher beschriebene Gedankengut mit sich bringt.

An dieser Stelle möchte ich Dich fragen: Entspringt dieses Bild von einem Miteinander nicht viel mehr dem menschlichen Intellekt und der heutigen Gesellschaft? Ist es nicht das, was die meisten von uns ständig in ihrem Alltag und besonders im Beruf erleben? Sich behaupten zu müssen, sich profilieren zu müssen und ständig kämpfen zu müssen?

Denn Mitgefühl und Sinn für Gemeinschaft werden im zwischenmenschlichen Zusammensein leider viel zu oft klein geschrieben. Stattdessen widmen sich die meisten lieber ihren kleineren und grösseren Machtkämpfen. Und diese Wahrnehmung des Lebens wird dann zu den Pferden getragen und vernebelt unsere natürlichen Sinne.

Mit solch einem Gedankengut können wir mit unseren Pferden gar keine Herde bilden, denn dann befinden wir uns im ständigen Kampf und vor allem: Irgendwie auch im Alleingang.

Wir können mit dieser Grundeinstellung den Pferden gar nicht richtig zuhören, denn jede Widersetzlichkeit, jede Meinungsäusserung seitens des

Pferdes, werten wir dabei automatisch als Angriff gegen uns selbst. Als Bestätigung für unser Bild von einem Pferd, das ständig einen höheren Rangplatz einnehmen möchte. Selbsterfüllende Prophezeiung nennt man das in der Psychologie. Wenn das Leben bestätigt, was wir in uns tragen – denkend und fühlend.

Ich glaube hierin liegen viele Missverständnisse und vielleicht sogar das Hauptproblem in der Beziehung zwischen Mensch und Pferd begraben. Der Mensch befindet sich zu sehr im oben beschriebenen Gedankengut, meist weil er es selbst noch gar nie anders kennenlernen durfte. Denn er lebt in einer Welt, in der er tatsächlich viel zu oft mit Aggression bis hin zu körperlichen und seelischen Angriffen bzw. Übergriffen konfrontiert wird. Viele müssen sich ständig behaupten und verteidigen, um überhaupt irgendwie das Gefühl zu haben einen Platz in der Gesellschaft zu erhalten. Und genau diese Einstellung, diese zutiefst vorhandene Seelenverletzung, wird automatisch auch an die Pferde heran getragen. Werde Dir bewusst, dass diese Lebenseinstellung wenig Raum für eine wahrhaftige, respektvolle und liebevolle Beziehung bietet.

Ich möchte es bereits jetzt klar postulieren: Die wenigsten Pferde wollen die Führung übernehmen! Denn die Führung inne zu halten ist anstrengend und erfordert sehr viel Kraft, Energie und Aufmerksamkeit. Aber jedes Pferd möchte instinktiv wissen, wo es im Gefüge steht, welche Rechte und Pflichten aber auch Privilegien es innerhalb der Gruppe hat und vor allem: Wem es vertrauen kann! Dazu aber später mehr….

Es ist von enormer Wichtigkeit, dass wir das Bild des ständig um die Führung kämpfenden Pferdes gänzlich hinter uns lassen! Pferde möchten Bindungen eingehen, sie möchten sich jemandem anvertrauen und sie möchten sich sicher fühlen. Diese Grundbedürfnisse sind essenziell und wer das erst einmal verstanden und verinnerlicht hat, dem wird Einiges im Umgang mit seinem Pferd leichter fallen.

Bindung, Vertrauen und Sicherheit – gehören diese Bedürfnisse nicht auch zu den natürlichen Grundbedürfnissen des Menschen?

Und plötzlich wird klar: Wir sind gar nicht so anders als die Pferde. Wir haben nur leider vieles davon vergessen, verlernt oder von uns weg gestossen. Pferde bringen uns deshalb zurück zu unseren ganz eigenen Urbedürfnissen und Wurzeln. Fernab von Erfolg, Wirtschaft und dem Aussen. Sie erinnern uns daran, was es wirklich bedeutet eine respektvolle Gemeinschaft zu bilden. Die Stärke jedes Einzelnen zu einem grösseren Ganzen werden zu lassen. Und für uns Menschen im Speziellen: Das Ego hinter uns zu lassen und zurück zu Natürlichkeit zu finden.

Pferde bringen uns zur Ruhe. Und sie bringen uns zu unserem wahren Kern zurück, zu einem fühlenden, spürenden und liebenden Kern. Sie vermögen unsere

Gefühlswelt in Ordnung zu bringen. Unsere Illusionen und Masken zu erkennen und abzustreifen. Nicht zuletzt deshalb haben Pferde auch so eine grosse Wirkung in der therapeutischen Arbeit.

Nun trennt jedoch die Grundeinstellung die Spreu vom Weizen: Wer ein Pferd besitzt um seinem Ego Raum zu geben, um etwas darzustellen oder das Pferd benutzt (missbraucht?) um Bedürfnisse zu erfüllen um die er sich eigentlich selbst kümmern sollte, der wird niemals das spüren können, was wahre Verbindung zum Wesen Pferd bedeutet. Wer aber lernt sich auf das Pferd einzulassen, seine eigenen Wünsche und Ambitionen vielleicht auch mal nach hinten zu stellen und sogar bereit dazu ist von seinem Pferd mehr über sich selbst zu erfahren und zu lernen, dem wird eine wunderbare Welt eröffnet.

Für mich ist diese Welt so unglaublich, dass selbst meine kühnsten Träume nicht annähernd beschreiben können, wie intensiv, ja beinahe schon magisch, diese Verbindung zwischen Mensch und Pferd sein kann.

Pferde lehren uns so viel über uns selbst! Aber um uns gänzlich, also mit jeder Faser unseres Seins, auf die Pferde einlassen zu können, müssen wir tatsächlich zuerst das Bild des „ständig um einen hohen Rangplatz diskutierenden Pferdes" weit, weit hinter uns lassen. Solange dieses Bild in uns vorherrschend ist, können wir uns nicht richtig fallen lassen. Denn die beständige Angst vom Pferd untergraben zu werden hängt dann wie ein Damoklesschwert über dem Menschen.

Natürlich gibt es Situationen in denen das Pferd ganz klar nach seinem Rangplatz fragt oder sogar der Meinung ist, dass es den höheren Rang hat als der Mensch. Aber nicht unbedingt deshalb, weil es die höhere Position wirklich wollen würde (Ausnahmen bestätigen die Regel – denn natürlich gibt es auch Pferde, die ganz klar Führungsambitionen haben). Eigentlich folgt das Pferd damit lediglich seinem natürlichen Instinkt. Denn wenn Pferde das Gefühl haben, dass ihr Gegenüber – in diesem Fall der Mensch – nicht über die nötigen Führungskompetenzen verfügt, dann stellen sie dies durchaus in Frage und zeigen das auch. Wie sie das dann zeigen, ist vom Charakter des jeweiligen Pferdes, von seinem Typ und auch seinem bisherigen Leben und somit seinen Erfahrungen, abhängig.

Sein Instinkt sagt ihm: Wenn ich meinem Gegenüber nicht vertrauen kann, dann muss ich für mich selbst schauen. Es ist dann als ob ein Vakuum entstünde – wenn der Mensch zu wenig bewusst ist und nicht führt, dann muss das Pferd dies umso mehr tun. Die Natur strebt immer nach Balance, also nach Gleichgewicht. Gibt es von einer Energie zu wenig, muss die andere Energie sich erhöhen. Das ist beinahe schon ein universelles Naturgesetz.

Und in der Konstellation Pferd-Mensch kommt noch erschwerend hinzu, dass es sich um zwei völlig unterschiedliche Spezies handelt.

Ein Pferd möchte wissen, wohin es gehört. Und es möchte wissen, wem es sich anvertrauen kann und ob dieser jemand auch wirklich in der jeweiligen Situation fähig ist, es zu führen und zu beschützen. Nicht zu kontrollieren oder zu beherrschen, sondern zu führen und zu beschützen. Und vor allem: zu verstehen! Denn Teil einer Herde zu sein, bedeutet auch Schutz zu erhalten. Teil einer Herde zu sein bietet das Privileg besser und somit vielleicht auch länger überleben zu können.

Gemeinschaft, Vertrauen, gegenseitiges Wachstum, Respekt, füreinander da sein und füreinander stark sein, das Gegenüber mit all seinen Schwächen und Stärken zu akzeptieren und vollends anzunehmen. Dies sind Kernelemente einer Herdergemeinschaft. Einer Form des Zusammenlebens von der wir modernen Menschen uns leider sehr weit entfernt haben.

Aber durch unsere Pferde können wir wieder zu diesen Wurzeln zurück finden. Und das Schönste an dieser spannenden Reise ist, dass wir nicht nur unsere eigenen Wurzeln wieder finden und eine bessere Beziehung zu unserem Pferd entwickeln. Sondern, dass wir dadurch auch zu uns selbst zurück finden. Wir werden an Aspekte und Eigenschaften herangeführt, die wir womöglich längst vergessen oder verlernt hatten. Von denen wir vielleicht sogar glaubten, dass wir sie noch nicht einmal in uns tragen. Doch die Pferde vermögen das Beste aus uns herauszuholen, wenn wir uns einfach mit jeder Faser unseres Seins auf sie einlassen können.

Beziehungen

Bevor ich ganz gezielt auf das Zusammensein von Pferd und Menschen eingehen kann, muss ich wohl zuerst eine klitzekleine Extraschlaufe zum Thema Beziehungen im Allgemeinen machen.

Heute beobachte ich vermehrt, dass nicht nur Mensch-Tier-Beziehungen zunehmends verstrickter sind. Sondern eben auch Mensch-Mensch-Beziehungen.

Denn die meisten Menschen suchen sich heutzutage hauptsächlich einen Partner um ihre eigenen Bedürfnisse zu stillen und dadurch – oftmals unbewusst – ihre eigenen Minderwertigkeitsgefühle aufzufüllen. Und wenn das Gegenüber diese Bedürfnisse plötzlich nicht mehr erfüllt – oder nicht mehr bereit ist sie zu erfüllen – dann wird er oder sie sehr schnell ausgetauscht. Man hat ja jemand Anderen, weil man ihn braucht und wenn man ihn nicht mehr brauchen kann, dann wirft man ihn halt weg und sucht sich jemand Anderes, der die eigenen Bedürfnisse vermeintlich aufzufüllen vermag.

Aber eigentlich sollte jede Form der Beziehung keinen Zweck erfüllen ausser dem reinen Selbstzweck der Beziehung an sich. Genauso wie Liebe ein selbstloser, uneigennütziger und vor allem bedingungsloser

Akt sein sollte. Liebe liebt um der Liebe Willen, nicht mit einer darunterliegenden Absicht.

In einer gesunden Beziehung braucht der Eine den Anderen nicht um dadurch komplettiert zu werden. Denn in einer gesunden Beziehung ist jeder auch mit sich alleine glücklich und erfüllt. Und so kommt es dann, dass der Partner nicht etwas ist, das man unbedingt braucht um sich besser zu fühlen. Sondern etwas, das einem bereichert. Dann liebt man nicht aus einem Gefühl des Brauchens heraus, sondern man liebt um der Liebe Willen. Uneigennützig, selbstlos und bedingungslos.

Auch ist es sicherlich ein Trugschluss oder eine Täuschung, wenn man glaubt, dass eine Beziehung ständig harmonisch sein sollte. Auch hier möchte ich mich an der Natur orientieren, die uns immer wieder zeigt, dass sie nicht nur schön und sanft, sondern auch rau und stürmisch sein kann.

Eine intakte und gesunde Beziehung definiert sich in meinen Augen daher nicht darüber, wie wenig Reibung darin entsteht bzw. vorkommt. Sondern wie mit dieser Reibung umgegangen wird.

Reibung ist nichts Schlechtes und auch nicht etwas, was man grundsätzlich vermeiden sollte. Denn wenn zwei Wesen aufeinandertreffen, gibt es immer gemeinsame Schnittstellen, sowie eben auch sich gegenseitig reibende (triggernde) Stellen. Das liegt in der Natur der Sache.

In dieser Reibungszone bietet uns das Leben jedoch die grösstmöglichen Entwicklungs- & Lernprozesse. Denn an diesen Reibungsstellen entscheidet sich die Qualität und Tiefe einer Beziehung. Im gemeinsamem Umgang mit Schwierigkeiten wächst eine Beziehung mehr als in der Harmonie des Seins.

Das bedeutet aber nicht etwa, dass man kein harmonisches Bild anstreben sollte oder womöglich sogar Reibung gezielt suchen oder gar provozieren sollte. Man sollte diese Reibung stattdessen einfach als natürlichen, nicht vermeidbaren Bestandteil des Miteinanders betrachten. Nicht mehr und nicht weniger. Weder sollte man Reibung anstreben noch zu vermeiden versuchen. Sondern sie einfach nur annehmen, wenn sie sich zeigt. Um dann gemeinsam (!) das Beste daraus zu machen. So dass im Idealfall beide gestärkt und geklärt aus der Konfrontation heraustreten können.

In einer ausgeglichenen Beziehungen ist auch jeder einmal stark und jeder einmal schwach. Niemand kann oder soll eine einzelne Rolle dauerhaft annehmen. Auch wenn sicherlich charakterbedingt einige Wesenszüge jeweils vorgegeben sind. Es sollte aber so sein, dass jeder in der Beziehung auch einmal schwach und jeder auch einmal stark sein darf. Dann ist eine Beziehung ausgeglichen.

Für mich ist eine Beziehung eine Verbindung, die vom Herzen getragen wird und in der ein wohlwollender, respektvoller und förderlicher Umgang angestrebt wird. Eine Beziehung ist nicht etwas, was sich irgendwann einmal als solche definiert und dann „einfach so" für immer gegeben ist. Viel mehr ist es eine Verbindung, die einmal beschlossen und dann stetig (innerlich) erneuert und bestätigt werden muss, um beständig zu sein. So gesehen bedeutet eine Beziehung auch immer viel Arbeit, denn man muss ständig an sich und am Miteinander feilen. Und dabei müssen beide Teile bereit dazu sein zu wachsen und zu lernen. Immer wieder lauern Stolpersteine auf dem Weg des Miteinanders, die wir erkennen und aus dem Weg räumen müssen. Immer wieder müssen wir bereit sein das „Ich" für das „Wir" ein Stück weit nach hinten zu stellen, ohne dabei das „Ich" gänzlich zu verlieren.

Harmonische, gesunde und intakte Beziehungen zu führen ist eine Kunst und auch ein Lebensprojekt. Und dazu zähle ich jegliche Form der Beziehung, seien es partnerschaftliche, freundschaftliche oder eben auch tierische Beziehungen.

Merke: Das Herdengefühl ist keine kitschig, romantische Vorstellung einer Beziehung / Verbindung. Es ist die wahrhaftige und natürliche Verbindung zwischen verschiedenen Individuen. Die gemeinsam etwas erschaffen, was sie alleine niemals könnten. Die gemeinsam einen Raum eröffnen, in dem bedingungslose Liebe, ein respektvoller Umgang und das Füreinander da sein oberste Priorität haben.

Mensch bleibt Mensch, Pferd bleibt Pferd

Vorweg möchte ich klar stellen, dass es nicht Aufgabe des Menschen ist, sich wie ein Pferd zu verhalten. Der Mensch bleibt immer Mensch, das Pferd bleibt immer Pferd. Es ist illusorisch zu glauben, dass man sich als Mensch „wie ein Pferd verhalten/benehmen" könne bzw. vom Pferd jemals als Pferd wahrgenommen werden würde. Du versuchst ja auch nicht einem Löwen weis zu machen, dass Du nicht nur Mensch, sondern nebenbei auch noch Löwe bist.

Wir können uns aber auf das Wesen der Pferde einlassen und durchaus die Sprache der Pferde lernen, können lernen sie zu verstehen und umgekehrt können wir lernen, wie sie uns besser verstehen können bzw. wie wir klar und verständlich mit ihnen kommunizieren können. Aber wir werden von unseren Pferden niemals als Pferd betrachtet werden, sondern immer als Mensch.

Genauso illusorisch ist es zu glauben, dass der Mensch eine Pferdeherde bzw. Artgenossen ersetzen könnte. Ein Pferd alleine zu halten ist daher schlicht Tierquälerei. Der Mensch kann niemals einen Artgenossen ersetzen, nur schon deshalb nicht, weil er nicht 24 Stunden beim Pferd sein kann, geschweige denn sein will. Pferde benötigen andere Pferde um sich wohl und sicher zu fühlen. Die Natur bzw. die natürlichen Bedürfnisse einer Spezies lassen sich nunmal nicht einfach so verändern, nur weil wir das vielleicht gerne anders hätten!

Aber wir Menschen bilden mit Pferden durchaus eine gesonderte Form einer kleinen Herde, denn die Herdenprinzipien gelten auch in dieser Konstellation. Diese Herde ist für das Pferd dann – im Idealfall – eine Form der Bereicherung, kann aber, ich wiederhole mich bewusst, niemals den Kontakt zu Artgenossen oder eine natürliche Haltung ersetzen.

Als Besitzer dieser prachtvollen Tiere ist es unsere höchste Aufgabe ihnen ein angenehmes, möglichst artgerechtes Leben zu schenken. Denn eigentlich stammen sie ursprünglich aus der Freiheit und der Natur (auch wenn unsere domestizierten Pferde niemals die Freiheit und Natur wirklich erlebten, so steckt dies dennoch in ihnen). Indem wir sie „besitzen" tragen wir auch automatisch für sie die Verantwortung und es sollte unser höchstes Ziel sein ihnen ein in ihren Grundbedürfnissen erfülltes Leben zu bieten. Ein Pferd zu „besitzen" gibt uns noch lange keinen Freipass dafür, mit ihm zu machen, was wir wollen! Leider beginnt aber bereits hier sehr viel Leid. Denn der Mensch glaubt allzu schnell, dass er über etwas frei verfügen kann, nur weil er es „besitzt".

Dafür zu sorgen, dass es den Einzelnen innerhalb einer Herde gut geht, ist im Übrigen bereits eine Qualität eines Herdenführers. Dafür zu sorgen, dass jeder sicher und geschützt ist, und für alle genügend Futter und entsprechende Trinkmöglichkeiten zur Verfügung stehen sind Aufgaben der Herdenführung. Mit diesem Bewusstsein beginnen wir vielleicht bereits jetzt ein wenig zu erkennen, wie Herdenprinzipien in unserer Beziehung zu Pferden wirken.

Wer sich nach einer tiefen Verbindung mit seinem Pferd sehnt, sich einen Partner wünscht, der ihm vertraut, der wird nicht darum herum kommen „pferdisch" zu lernen. Ich verstehe darunter, dass man zu verstehen beginnt, wie ein Pferd denkt, wie es fühlt, wie es die Welt wahrnimmt und zu verstehen lernt, was es bedeutet, Teil einer Gemeinschaft zu sein.

Noch immer sprechen viele Pferdmenschen – und dazu zählen leider auch einige Ausbildner – vom Leithengst als Anführer, von Dominanz und starren, hierarchischen Strukturen. Ich teile diese Ansichten nicht. Die bisherige Erfahrung in meiner Arbeit mit Pferden hat mir immer wieder gezeigt, dass die Welt aus Sicht der Pferde gänzlich anders ist. Viel komplexer als es zuweilen dargestellt wird.

Tatsächlich aber ist es so, dass harte Führung und beinahe diktatorische Ansätze durchaus ihre Wirkung zeigen können: Die Pferde wirken dann wie brave, abgerichtete und wesenslose Marionetten. Denn sie lernen dabei schlicht zu funktionieren und das dann meistens auch nur „motiviert" aus Angst. Denn wenn die Angst vor möglichen Konsequenzen zu gross wird, geben die Pferde irgendwann innerlich auf und fügen sich. Dieses „sich fügen" beobachte ich leider noch immer sehr oft. Und es bricht mir jedes Mal das Herz, wenn ich diese sanften Riesen sehe, wie sie ihr Leuchten in den Augen verloren haben und statt des Leuchtens nur noch Angst, Verbitterung und ein inneres Aufgeben aus ihren Augen hervor scheint. Dabei wären sie nur allzu gerne bereit uns alles zu schenken, was wir uns wünschen, wenn man sie nur richtig darum bittet.

Gelegentlich werde ich darauf angesprochen, dass – nennen wir es mal – „harte Erziehungsmassnahmen" doch zu funktionieren scheinen. Nun, die Antwort darauf ist simpel: Jedes Lebewesen, egal ob Mensch oder Tier, lernt durch harte Führung eigentlich nur Eines: Widerstand ist zwecklos! In diesem Sinne fügt sich das Pferd und liefert somit womöglich durchaus die gewünschten Resultate. Widersetzlichkeiten oder Meinungsäusserung seitens des Pferdes reduzieren sich je nach Charakter des Tieres durch so einen Umgang auf nahezu Null. Und es scheint nach Aussen hin schnell, als wäre das Pferd brav, willig und gehorsam.

Doch meine Fragen dabei lauten stets: Wie geht es dem Pferd wirklich? Macht es die Dinge, die es tut, weil es das machen möchte und seinem Menschen vertraut und ihm gefallen möchte? Oder macht es das, aus Angst vor möglichen negativen Konsquenzen. Ist es eigenmotiviert oder fremdbestimmt? Ist es kooperierend oder eben doch einfach nur gehorsam abgerichtet?

Frage Dich selbst an dieser Stelle: Möchtest Du ein Pferd, das funktioniert oder eines das auch eine Meinung haben darf? Möchtest Du eine leblose Marionette oder möchtest Du ein kooperierendes Gegenüber? Wie wichtig ist Dir gegenseitiger Respekt? Und zu guter Letzt: Ist Kommunikation für Dich eine Einbahnstrasse?

Ich kann nicht oft genug betonen, dass es die Qualität ist, nicht die Quantität, die den Unterschied macht. Weil dies meine innerste Überzeugung ist. Bei mir geht es nicht ausschliesslich um die Erreichung irgendwelcher Ziele. Sondern um den Weg dorthin! Die Früchte, die mein Pferd und ich auf diesem Weg ernten dürfen, sind wie Geschenke, die für uns auf diesem gemeinsamen Weg bereit liegen und nur darauf warten gepflückt zu werden.

Deshalb gilt: Qualität VOR Quantität!

Ich glaube es ist vor allem für den Laien – oder ich möchte stattdessen lieber sagen: für den unbewussten Menschen – schwierig Qualität zu erkennen bzw. hinter die manchmal unglaublich schillernd glänzenden Fassaden zu blicken. Das ist nicht zuletzt auch deshalb schwierig, weil man dabei vielleicht sogar so manchem Guru widersprechen müsste. Und dazu braucht man eine gehörige Portion Mut und

Selbstbewusstsein. Man muss dazu also sich seiner Selbst bewusst zu sein.

Die Frage bleibt, welchen Massstab man zur Beurteilung ansetzen kann. Doch um das herauszufinden, muss man erst einmal für sich selbst klar wissen, welche Massstäbe für einem selbst Gültigkeit haben. Man muss sich seines eigenen Weltbildes und seiner eigenen, inneren Wahrheit sehr bewusst sein um sich tatsächlich eine eigene und persönliche Meinung bilden zu können und nicht einfach nur vorgekautes Wissen von Anderen blindlings zu übernehmen.

Am Ende sieht man den Pferden jedoch immer an, wie sie zu ihrem Menschen stehen. Ein Blick in ihre Augen genügt und wir wissen, wie es um ihre Seele bestellt ist.

Zugegeben, dem Pferd auch mal seine Meinung zu lassen, ihm die Möglichkeit zu bieten mit uns zu kommunizieren, bedeutet automatisch auch immer mal wieder auf „Widerstand" zu stossen. Ich denke aber, wer den Widerstand grundsätzlich nicht möchte, der ist auch grundsätzlich nicht beziehungstauglich. Denn in jeder guten Beziehung gibt es auch mal Reibung und genau daraus entsteht oftmals das grösste Wachstum.

Widerstand ist am Ende nichts Anderes als eine Botschaft. Eine Botschaft, die uns dazu auffordert unser vorhandenes Gedankengut und unsere aktuellen Gefühle und Meinungen zu prüfen und dadurch vielleicht neue, zusätzliche Facetten zu erhalten und unser Innerstes zu erweitern. Wenn wir lernen hinter das, was uns widerfährt, zu blicken, finden wir meist auch die Antworten, nach denen wir suchen.

Natürlich habe auch ich Ziele und Visionen mit meinen Pferden. Aber diese sehe ich viel eher als eine Art der Inspirationsquelle und nicht als ein in Stein gemeisseltes Ziel, das es unbedingt zu erreichen gilt. Ich freue mich natürlich, wenn ich meine Visionen mit meinen Pferden auch erreiche. Aber auf dem Weg dorthin ist es mir nicht wirklich wichtig, wann oder ob wir tatsächlich jemals dort ankommen. Viel wichtiger ist mir, WIE wir dorthin kommen und vor allem: Wie es uns dabei geht – uns beiden.

Durch diese innere Freiheit, diese innere Erlaubnis nichts erreichen zu müssen um etwas zu sein, haben mir meine Pferde schon oft Abzweigungen auf unserem gemeinsamen Weg gezeigt, die ich nicht gesehen hätte, wenn ich nur starr meinem Ziel gefolgt wäre.

Es ist keine Kunst ein Lebewesen gefällig zu machen, es unterzuordnen und zu dominieren! Aber es ist eine Kunst mit ihnen gemeinsam den Weg zu beschreiten, einen nachhaltigen Weg und zwar so, dass sie einem freiwillig folgen. Ich glaube vor allem der Gedanke der Nachhaltigkeit sollte unbedingt wieder stärker in den Vordergrund rücken, wenn es um das Zusammensein mit unseren Pferden geht. Nachhaltig im Sinne eines erfüllten Pferdelebens. Und auch nachhaltig in Bezug auf ihre Gesundheit. Denn kein Turniersieg ist es wert, die Gesundheit eines Pferdes dafür zu opfern!

Doch zurück zum Gedanken der Herde.
Ich habe beobachtet, dass Herdenstrukturen nichts Starres sind. Es handelt sich nicht um Strukturen, die irgendwann einmal festgelegt werden und dann für immer gelten. Auch habe ich beobachtet, dass der Herdenchef längst nicht alle Aufgaben, Kompetenzen oder die gesamte Verantwortung alleine trägt, sondern, dass jedes Pferd das beisteuert, was es am Besten kann. In einer Herde werden gewisse Aufgaben also durchaus auch delegiert.

In der Natur ist es eher die erfahrene Leitstute, die die Herde führt. Sie kennt Wasserstellen, Fressplätze und brilliert mit ihrer Erfahrung. Der Leithengst hingegen hat meist nur zwei Aufgaben: Fortpflanzung und Bewachung seiner Stuten und Fohlen. Kommt ihm ein fremder Hengst zu nahe oder versucht ein fremder Hengst gar ihm einige Stuten zu klauen, ist es seine Aufgabe seine Herde zu beschützen und gegenüber dem Eindrindling zu verteidigen.

Dann gibt es in freier Wildbahn aber auch noch die Junggesellengruppen. Herden also, in denen sich mehrere Hengste zusammentun, um gemeinsam durch die Steppe zu ziehen. Diese Hengste haben es in der Regel noch nicht geschafft Stuten für sich zu gewinnen und somit eine eigene Herde zu gründen.

Deshalb bilden sie eine gesonderte Form einer Herde, zusammen mit anderen Gleichgesinnten.

Ich gehe mal davon aus, dass auch diese Einteilung nicht abschliessend ist. Sie soll jedoch zeigen, dass das alte Bild der Hierarchien und Herdenstrukturen einfach nicht taugt.

Es ist also ganz offensichtlich, dass es verschiedenste Formen von Herden und Gruppierungen gibt. Es gilt dabei aber grundsätzlich die Devise: Gemeinsam sind wir stärker!

Auch in unseren domestizierten und künstlich geschaffenen Herden sind die Rollen meist nicht ganz so klassisch gegeben. Das liegt oft auch an den unterschiedlich gestalteten Gruppen. Da gibt es bspw. reine Wallach- oder Stutengruppen. Und es werden Pferde zusammen gemischt, die in der Natur womöglich gar keine gemeinsame Gruppe bilden würden. Hinzu kommt noch die Durchmischung unterschiedlichster Rassen, die der Mensch im Laufe der Jahrhunderte herangezüchtet hat.

Das Leben in einer Herde, einer Gemeinschaft, ist und bleibt aber immer ein natürlicher Instinkt, der tief im Pferd verankert ist. Und dieser Instinkt lässt sich weder ausblenden, noch leugnen, noch wegmachen. Ob das uns jetzt in den Kram passt oder nicht. Es ist einfach so. Punkt.

Pferde sind enorm anpassungsfähig und ich staune immer wieder in welch belastende Situationen sie sich einfach hinein schicken. Manchmal sogar ohne jegliches „murren und knurren" – und dabei meine ich eher seelisches Murren. Denn Pferde teilen ihr Unbehagen leider sowieso nicht durch Laute, Töne bzw. ihre Stimme mit. Das ist jedoch noch lange kein Argument dafür sie unter Umständen zu halten oder einen Umgang mit ihnen zu pflegen, der nicht ihren natürlichen Bedürfnissen entspricht. Das allzu oft vorherrschende Gedankengut „Weil das Pferd sich nicht dagegen wehrt, ist es offensichtlich okay" ist schlicht und ergreifend keine tragbare Einstellung!

Pferde sind Herden- und Lauftiere. Wir haben sie ihrer Freiheit beraubt. Nicht zuletzt deshalb sollte es unser höchstes Ziel sein, ihnen trotz Domestikation ein möglichst artgerechtes und erfülltes Leben zu ermöglichen. Das fängt bei der Haltung an, geht weiter zum tagtäglichen Umgang mit Ihnen und zieht sich bis ins Reiten und ihre Ausbildung bzw. das Training hindurch.

Denn: Wir sind eine Herde – immer und zu jeder Zeit!

Der Mensch, das Raubtier

Immer wieder liest man darüber, dass der Mensch für das Pferd ein Raubtier darstellt. Natürlich stimmt das in gewisser Weise, denn wir haben innere und äussere Veranlagungen, die einfach raubtierisch sind.

Ich habe aber die Erfahrung gemacht, dass Pferde dies nicht grundsätzlich so sehen. Sie stehen also nicht von Natur aus da und empfinden den Menschen als Feind oder als gefährliches Raubtier. (Leider müssen jedoch so manche Pferde im Laufe ihres Lebens lernen und erkennen, dass der Mensch eben doch eines der grössten Raubtiere dieses Planetens ist.)

Die meisten Pferde sehen im Menschen primär mal ein andersartiges Wesen. Natürlich, denn wir sind ja auch eine komplett andere Spezies. Da wäre jedes Lebewesen erstmal vorsichtig und würde genauestens prüfen, wie sich das Zusammenleben verhält und wer oder was das andere Wesen ist. Wir wären da im Gegenzug nicht anders. Würde sich plötzlich ein wildes Tier vermehrt in unserer Nähe aufhalten, würden auch wir erst einmal aus sicherer Distanz beobachten wollen. Auch wir würden Zeit benötigen um sukzessive Vertrauen durch positive Erfahrungen aufbauen zu können.

Wer schon einmal Zeit auf einer Fohlenweide verbringen konnte und dabei die jungen Pferde beobachten und spüren konnte, der weiss, wovon ich spreche. Die meisten jungen Pferde sind von Natur aus neugierig gegenüber dem Menschen. Vorausgesetzt sie mussten noch keine negativen Erfahrungen mit dem Menschen machen!

Natürlich sind diese Fohlen bereits in menschlicher Obhut zur Welt gekommen und kennen den Menschen daher schon – idealerweise verknüpft mit positiven oder zumindest neutralen Erfahrungen. Aber ich beschränke mich bewusst auf unsere domestizierten Pferde, da die wenigsten von uns das Glück haben in ihrem Leben einmal einem Wildpferd aus der freien Natur zu begegnen.

Wenn man sich auf einer Fohlenweide aufhält, spürt man oft noch diese natürlich vorhandene Neugier gegenüber dem Menschen. Natürlich spürt man manchmal auch Skepsis seitens einiger Fohlen. Die Aufgeschlossenheit gegenüber Fremden ist nunmal auch Charaktersache. Aber praktisch nie spürt man grundsätzliche Aggression oder Abwehr gegenüber dem Menschen! (Wie gesagt, vorausgesetzt, das Fohlen musste bisher noch keine einschneidenden, negativen Erfahrungen mit dem Menschen machen.)

Wenn ich mich aber durch so manchen Stall bewege, sehe ich – zu meinem grossen Bedauern – nicht selten Pferde, die sehr aggressiv oder abwehrend gegenüber dem Menschen reagieren. Schnell wird also klar, dass der Bruch in der positiven Neugier und dem potenziellen Vertrauen gegenüber dem Menschen irgendwo zwischen Fohlenalter und Erwachsenendasein stattfinden muss.

Dies, liebe Leserin, lieber Leser, lasse bitte ein wenig auf Dich wirken: Die Pferde haben zu Beginn ihres Lebens keinen Grund dem Menschen zu misstrauen oder sich ihm gegenüber aggressiv zu verhalten. Und doch gibt es heutzutage so viele erwachsene Pferde, die dem Menschen gegenüber keine positive Einstellung (mehr) haben.

Traurig, nicht wahr?

Die Antwort auf die Frage, weshalb sich viele Pferde oft aggressiv oder nicht (mehr) kooperativ gegenüber dem Menschen verhalten ist pragmatisch einfach: Der Mensch ist selbst dafür verantwortlich.

Man erntet, was man sät. Daher wähle Dein Saatgut bewusst.

Solange der Mensch den Pferden nicht bewusst zuhört, bleiben ihre Stimmen ungehört und verstummen womöglich irgendwann ganz.

An dieser Stelle möchte ich noch einmal kurz erwähnen, dass Pferde keinen Schmerzlaut kennen. Sie zeigen also Schmerzen, Kummer, Unwohlsein oder Unbehagen nicht durch bestimmte Laute. Würden sie dies tun, wäre es in so manchen Reitbetrieben und Pferdeställen ohrenbetäubend laut.

Tragischerweise ist der Mensch unglaublich kreativ, wenn es darum geht, seinen Willen durchzusetzen bzw. seinen Willen einem anderen Lebewesen aufzuzwingen. Es ist im Übrigen auch der Mensch, der die Folter erfunden hat. Ich kenne kein Tier, das foltert nur um seine eigenen Ziele zu erreichen. Und ja, das hängt vermutlich tatsächlich mit den natürlicherweise in uns liegenden Wesenszügen eines Raubtieres zusammen. Wir sollten daher besser unser inneres Raubtier zähmen, statt die Pferde beherrschen zu wollen.

Wenn ich daran denke, wie viele Pferde unter dem Menschen leiden, dann verneige ich mein Haupt vor jedem einzelnen Pferd, das sich in diese Strapazen einfach hinein schickt und sozusagen „das Beste daraus macht". Denn manch ein Mensch käme mit dem, was teilweise den Pferden durch den Menschen angetan wird, selbst nicht klar.

Entspanntheit, der natürliche Grundzustand der Pferde

Pferde sind Energiesparer. Die wild galoppierenden Herden, die man früher besonders in den Zigarettenwerbungen oder in zahlreichen Filmen gesehen hat, sind in der Realität eher selten anzutreffen. Galoppiert wird nämlich nicht unbedingt um von A nach B zu kommen, sondern eher für die Flucht oder auch im Spiel oder aus purer Lebensfreude.

Denn als Flucht- & Beutetier kann man es sich schlichtweg nicht leisten sich unnötig auszupowern. Man braucht seine Energiereserven um bei Bedarf umgehend vor dem angreifenden Raubtier oder der Gefahr flüchten zu können. Also lebt man energiebzw. ressourcensparend.

Und auch wenn das Pferd heute als domestiziert gilt und in unserer Obhut keinen wirklichen Angriff vor Raubtieren mehr zu fürchten hat, so sind diese Urinstinkte doch noch immer tief im Pferd verankert.

Merke: Ein Pferd in einem aufgeregten Gemütszustand ist also nicht in seinem natürlichen Grundzustand!

Für uns Menschen, die wir doch eher die Grundzüge von Raubtieren in uns tragen und deren Leben besonders in der heutigen modernen Gesellschaft mehr und mehr von Unruhe, Aggression und Hektik geprägt ist, als von Ruhe, Harmonie und Entspannung, mag dies schwer zu verstehen sein. Doch genau hier liegt ein Grundstein für das Verstehen der Pferde. Indem wir voll und ganz in den Gedanken eintauchen, dass Entspanntheit der natürliche Grundzustand von Pferden ist.

Ein angespanntes, hektisches oder unruhiges Pferd hat immer Stress. Immer! Sei es mental oder körperlich oder beides zugleich. Die Hauptaufgabe eines pferdegerechten Menschen liegt also grundsätzlich mal darin den natürlichen Grundzustand der Entspanntheit herzustellen, zu wahren und zu fördern.

Doch was bedeutet das konkret?
Vereinfacht gesagt bedeutet es, dass eine Erregung des Pferdes für uns stets ein Alarmsignal bedeuten sollte. Etwas, was nicht einfach so hingenommen werden sollte. Sondern etwas, dem man Beachtung schenken sollte.

Für mich persönlich beginnt das Ganze schon bei ganz subtilen Anzeichen: Das Pferd atmet etwas stärker/schneller oder auch oberflächlicher/flacher, der Kopf geht vielleicht hoch, die Augen weiten sich, der gesamte Muskeltonus wird erhöht. Als hochsensibler Mensch mit weit ausgestreckten Fühlern spüre ich schon sehr früh, wann ein Pferd von seinem entspannten Grundmodus in einen erregteren Gemütszustand wechselt. Während manch ein Anderer von Aussen von alledem noch lange nichts mitkriegt. Ich spüre heute oftmals bereits die ersten Anzeichen der herannahenden Anspannungswelle, also die Tendenz. Das war jedoch nicht unbedingt immer so. Erst als mir wirklich bewusst wurde, dass Entspannung der natürliche Grundzustand der Pferde ist, waren meine Fühler entsprechend kalibriert und begannen die Signale nicht nur zu empfangen, sondern auch zu verstehen.

Ich versuche seither bereits bei den ersten Anzeichen – also bereits bei den ersten aufkommenden, noch scheinbar unschuldigen Tendenzen der Unruhe/Anspannung – entsprechend zu reagieren, gegenzuwirken und versuche das Pferd zurück in seinen entspannten Daseinszustand zu bringen. Ich möchte nicht, dass mein Pferd sich anspannt, dass es sich aufregt oder erregt ist. Nur schon deshalb nicht, weil ein erregtes Pferd nichts mehr Lernen kann. Nur ein entspannter Geist ist fähig zu Lernen. Und Tiere, wie auch wir Menschen, werden auch schnell mal unberechenbar, wenn sie erregt sind.

Und wenn ein Pferd doch mal in einen erregten Gemütszustand kommt, dann sehe ich es als meine Aufgabe und meine Pflicht an, das Pferd zurück in seine Entspannung zu bringen. Das mag auch mir nicht immer gelingen, aber alleine das Bewusstsein, dass Aufregung oder Erregung nicht zum natürlichen Grundzustand gehören, ist massgeblich für die Beziehung zwischen Pferd und Mensch.

Denn wer die nahende Unruhe in den leisen Tönen nicht zu hören vermag, der wird allzu bald von einem tobenden Gewittergrollen überrumpelt. Und dann ist es oftmals schon zu spät, um noch irgendwie Gegenzulenken. Dann kann man nur noch zuschauen und hoffen, dass das Gewitter nicht allzu viel Schaden anrichtet.

Ich höre oft den Satz „mein Pferd hat *ganz plötzlich* mit diesem Verhalten begonnen". Und jedes Mal ist diese Aussage nicht korrekt. Denn es gibt immer schon zuvor Anzeichen. Diese subtilen Signale wurden aber entweder nicht gehört, nicht gesehen oder nicht verstanden. Und so bleibt dem Pferd nunmal nichts anderes übrig, als sich lauter, deutlicher und vehementer mitzuteilen.

Nochmal: Pferde kennen keine Laute oder Worte um uns mitzuteilen, dass ihnen etwas fehlt, dass sie etwas beunruhigt oder dass sie womöglich leiden bzw. Schmerzen haben. Sie können nur durch ihren Körper und ihr Verhalten kommunizieren.

Pferde re-agieren auf ihre Umwelt. Der Wortteil „re" bedeutet „zurück" und „agieren" bedeutet „handeln". Sie antworten also lediglich auf äussere oder innere Reize mit einer entsprechenden Aktion. Wie alles in der Natur folgen auch sie dem Prinzip der Aktion und Reaktion.

Betrachten wir doch mal das Beispiel eines scheuenden Pferdes. Scheuen, also das Flüchten vor vermeintlicher Gefahr oder aus einer unsicheren Situation, gehört zum instinktiven und somit natürlichen Verhalten der Pferde. Sie dafür zu bestrafen oder sie gar durch eine für sie unsichere Situation hindurch zu zwingen, ist als ob wir ihre Botschaft nicht hören würden. Es fehlt dann schlicht am nötigen Verständnis und auch an Respekt!

Ein Wesen zu respektieren, bedeutet nunmal, es so anzunehmen wie es ist.

Wir müssen uns bewusst darüber sein, dass wir als Menschen die Pferde in unnatürliche, teils schwierige Situationen bringen. Kein Pferd müsste sich mit den Dingen auseinandersetzen, mit denen es durch sein Pferdedasein beim Menschen, konfrontiert wird.

Das, was wir heute mit unseren domestizierten Pferden alles machen, entspricht in keinster Weise dem, was das Pferd natürlicherweise erleben würde oder lernen müsste.

Somit ist es auch unsere Aufgabe die Pferde sorgfältig an diese neuen und ungewohnten Herausforderungen heran zu führen.

Scheut ein Pferd beispielsweise vor einem unbekannten Gegenstand, so ist dies deshalb noch lange keine Widersetzlichkeit gegenüber dem Menschen, sondern schlicht instinktives Verhalten. Wer es dennoch als Widersetzlichkeit wertet und womöglich sogar noch persönlich nimmt, der begegnet seinem Pferd noch viel zu sehr mit den Augen des Menschen.

Ich wage sogar zu behaupten, dass dies mitunter auch ein Thema der heutigen, modernen Zivilisation ist. Schaue ich mich um, so sehe ich viele Menschen, die selbst glauben ständig funktionieren zu müssen, keine Schwäche zeigen zu dürfen und Befehlen und Anordnungen beinahe blindlings Folge leisten zu müssen. Wer die Welt so betrachtet, der projiziert dies auch automatisch – und zuweilen meist unbewusst – auf das Pferd.

Wir müssen erkennen, dass Pferde ständig mit uns kommunizieren. Warum? Weil sie in ihrem tiefsten Inneren eine Bindung mit uns eingehen möchten. Und weder Pferde noch Menschen können nicht nicht-kommunizieren.

Wenn Du der Meinung bist, Dein Pferd müsse ständig funktionieren. Dann zeigt Dir seine Widersetzlichkeit womöglich nur den Irrtum auf, dem Du unterliegst. Dem falschen Gedankengut, das Dich geprägt hat und noch immer prägt. Ein Gedankengut, das Dir in keinster Weise dienlich ist. Damit schenkt das Pferd Dir aber auch genau die Lernplattform, in der Du diese Verstrickungen anschauen und somit auch auflösen und verändern kannst. Und letztendlich wird dabei nicht nur Dein Pferd freier, sondern auch Du selbst.

Erst wenn wir Verhalten lediglich als eine Form der Kommunikation zu betrachten beginnen, kann sich auch die Beziehung zu unserem Pferd verändern.

Merke Dir also folgende zwei Dinge:
1.) Verhalten = Kommunikation
2.) Entspannung = natürlicher Grundzustand der Pferde

Die Aufgabe als sorgsamer und respektierender Pferdemensch besteht in jeder Hinsicht also darin, das Pferd an ungewohnte Dinge sorgsam heran zu führen und ihm zu helfen die gestellten Herausforderungen positiv zu meistern.

Allzu oft und allzu schnell wird völlig natürliches Verhalten vom Menschen als negativ abgestempelt. Aber nur weil es nicht erwünscht ist, heisst es noch lange nicht, dass es auch unnatürlich ist. Ganz im Gegenteil. Viele der landläufigen Probleme mit Pferden entspringen einem absolut natürlichen Verhalten. Deswegen spricht man in der Pferdepsychologie dann auch von „unerwünschtem Verhalten". Verhalten also, das natürlichen Ursprungs ist, das jedoch im Zusammenleben mit dem Mensch nicht gewünscht ist.

Und ja, es ist möglich, dass Pferde ihren Fluchtinstink ein Stück weit ablegen oder zumindest verringern. Aber womöglich müssen wir Menschen dazu genauso ein Stück von unserem Raubtierverhalten ablegen. So beginnen Pferd und Mensch sich gegenseitig einen Schritt aufeinander zu zu bewegen und beide können lernen gänzlich neue und bisher unbekannte Rollen einzunehmen. Und so entsteht etwas, das ich kaum zu beschreiben vermag. Eine Art „heiliger Raum", in dem Pferd und Mensch gemeinsam reifen und über sich selbst hinauswachsen können.

Erziehung

Bevor ich über Führung sprechen kann, muss ich zuerst das Thema der Erziehung in's Spiel bringen. Denn davon wird leider nur allzu selten gesprochen.

Eigentlich könnte man sagen, dass Erziehung gleichbedeutend ist mit Führung. Und auch wenn Massregelungen oder Korrekturen durchaus zur Erziehung dazu gehören, so bilden sie noch lange nicht das Fundament.

Ich erlebe es immer wieder, dass andere Menschen fasziniert dabei zusehen, wenn ich meine Pferde am Putzplatz hinstelle ohne sie anzubinden und sie dennoch brav an Ort und Stelle warten und stehen bleiben. Auf Aussenstehende wirkt das dann schnell so, als hätte ich einfach „so brave Pferde". Und ja, das habe ich durchaus. Aber ich habe meinen Teil dazu auch beigetragen und tue dies noch immer, und zwar in jedem Moment, den wir zusammen verbringen. Indem ich ihnen gezeigt habe und zeige, was ich von ihnen gerne möchte und sie an Aufgaben, wie beispielsweise das oben beschriebene Stehenbleiben, Schritt für Schritt heranführe.

Besonders das Stehenbleiben ohne angebunden zu sein verlangt von Pferd und Mensch sehr viel Aufmerksamkeit. Als Mensch muss ich achtsam sein und mitbekommen, wenn mein Pferd sich bewegt um es anschliessend wieder – möglichst in aller Ruhe – auf seinen Platz zu verweisen. Und für das Pferd ist Stehenbleiben eine der schwierigsten Lektionen überhaupt. Wie gesagt, es sind Lauftiere. Keine Stehtiere. So ein Verhalten zu manifestieren benötigt also Zeit, Geduld und eine Menge Aufmerksamkeit.

Und genau hier setzt das Thema der Erziehung an: Meine Pferde tun das nicht, weil sie „so brav sind", sondern weil ich es ihnen beigebracht habe, oder: Weil ich sie eben so erzogen (fachmännisch: darauf konditioniert) habe.

In der heutigen Zeit scheint Erziehung leider „total out" zu sein und das Wort hat irgendwie auch einen komisch fahlen Beigeschmack bekommen. Das beobachte ich durchaus auch bei den heute heranwachsenden Kindern. Was früher wohl zu viel vorhanden war (zu strenge Erziehung, zu viel Kontrolle, zu viel „Dominanz"), ist heute leider eher zu wenig vorhanden. Manchmal scheint es mir, als würde niemand mehr irgendwen erziehen wollen. Vielleicht liegt das auch daran, dass Erziehung eben auch bedeutet, Verantwortung zu übernehmen und zwar für sich und für Andere (was heute auch kaum noch jemand möchte). Und es bedeutet auch sich bewusst darüber zu sein, was man tut, wann man es tut, wie man es tut und wieso man es tut. Und diese Form der Bewusstheit ist nunmal auch ganz schön anstrengend. Unbewusstheit ist eben auch bequem.

Dabei ist es gerade die Erziehung, die uns und Andere eben nicht nur einschränkt, sondern uns und Anderen dadurch auch Freiraum schenkt.

Noch einmal möchte ich klar sagen: Erziehung hat nichts mit Dominanz oder Beherrschen zu tun! Viel mehr geht es darum Leitplanken zu setzen, Spielregeln aufzustellen und Führung zu übernehmen.

Es geht in der Erziehung darum das Miteinander abzustimmen und dazu benötigen wir ein klares Bild von dem, was wir uns im Miteinander wünschen.

Und genau hier fängt oftmals das Problem schon an. Denn die Wenigsten haben eine präzise Vorstellung davon, wie sie sich das Miteinander wünschen und welche Regeln sie dazu aufstellen möchten. Aber ohne ein klares inneres Bild, kann das Aussen nicht geklärter werden.

Ich kann nicht oft genug betonen, wie wichtig es ist, sich Gedanken darüber zu machen, welchen Umgang man sich mit dem Pferd wünscht. Konkret bedeutet das, Vorstellungen davon zu haben, was das Pferd tun darf und was nicht – aber im Umkehrschluss bedeutet es eben auch, sich klar darüber zu sein, was man selber tun darf und was nicht.

In all den bisherigen Jahren habe ich immer wieder erlebt, dass Pferde einen Menschen mit klaren Vorstellungen vorziehen, selbst wenn dieser klare Mensch vielleicht viel zu hart und grob mit ihnen umgeht. Aber er ist klar und somit berechenbar. Sie wissen also, woran sie sind, auch wenn das, was er mit ihnen macht, womöglich nicht wirklich befriedigend für sie ist. Aber Pferde schätzen Klarheit bzw. geklärte (und im Idealfall auch bewusste) Menschen und ziehen solche Menschen einem „Wischi-Waschi-Menschen" in der Regel vor.

Ich habe mir rückblickend schon oft überlegt, wieso die Ausbildung zur Pferdeverhaltenstherapeutin bei mir so viel ausgelöst hat. Natürlich habe ich dabei vieles über Hintergründe und Zusammenhänge gelernt, teilweise Bestätigung erhalten aber auch manche Dinge aus neuen Blickwinkeln zu betrachten gelernt. Aber ich glaube, für mich persönlich kam der Unterschied dadurch, dass ich erkannte, dass wir nicht „Opfer der Pferde" sind. Sondern, dass wir es sind, die sie formen und führen können und auch führen sollen.

Dieses angesprochene „Opferdenken" zeigt sich bspw. in Sätzen wie:

„Mein Pferd brennt halt einfach durch, wenn es einen Traktor sieht"

„Mein Pferd zappelt halt immer am Putzplatz"

„Mein Pferd kann halt nicht still stehen beim Aufsteigen"

„Mein Pferd ist eben ein Vollblüter, die sind halt hibbelig"

„Mein Pferd ist halt so" (die Pauschalvariante)

usw.

Das alles sind jedoch Dinge, die VERÄNDERLICH sind! Man muss sich eben nur darum kümmern und sich bemühen.

Ich glaube darin lag für mich persönlich damals eine der grössten Erkenntnis. Zu erkennen, dass ich entscheiden kann, welches Verhalten ich wünsche und welches nicht. Dass ich beeinflussen kann, wie mein Pferd ist und sich verhält. Und jetzt wird vielleicht auch klarer, weshalb ich vorhin von Opferdenken gesprochen habe. Denn zum Opfer wird man immer dann, wenn man sich ohnmächtig (= ohne Macht) gegenüber etwas oder jemandem fühlt.

Und dadurch manövriert man sich direkt in eine Opferrolle und vor allem unterliegt man damit schlicht und ergreifend einem Trugschluss. Denn man ist eben nicht ohnmächtig ausgeliefert. Sondern höchstens unbewusst.

Es ist für mich noch immer jeden Tag auf's Neue unglaublich fasziniert mitzuerleben, wie sehr Pferde bereit sind sich auf neue Verhaltensweisen einzulassen. Manchmal komme ich mir in der Arbeit mit den Pferden vor wie ein Bildhauer, der aus einem

Rohstein eine wunderschöne Statue zu erschaffen versucht.

Es geht also beim Thema der Erziehung darum zu Formen. Und wenn das Herz auch noch mitmacht und nicht nur das Ego auf den Rohstein einhämmert, dann kann dabei etwas Wundervolles entstehen. Sozusagen Schönheit in Vollendung.

Man muss dafür aber auch bereit sein formen zu wollen. Das klingt vielleicht banal, ist es aber ganz und gar nicht.

Frage Dich: Bist Du bereit zu formen? Bist Du bereit für diese anspruchsvolle Aufgabe? Bist Du bereit Dich leidenschaftlich und mit jeder Faser Deines Seins der Formung Deines Pferdes – auf körperlicher, geistiger und seelischer Ebene – hinzugeben und aus ihm das Beste heraus zu holen?

Aufmerksamkeit

Ich habe es im vorherigen Kapitel bereits ange-
tönt, dass Erziehung sehr viel Aufmerksamkeit benötigt. Vermutlich scheitert das Kapitel der Erziehung
hauptsächlich an der nicht vorhandenen Aufmerksamkeit. Denn in unserer technologisierten und immer schnell lebigeren Welt verlieren wir mehr und
mehr die Fähigkeit aufmerksam zu sein oder Aufmerksamkeit zu schenken, weil wir uns daran gewöh-
nen ständig abgelenkt zu sein.

Pferde, bzw. Tiere im Allgemeinen, sind aber
ständig aufmerksam und sich ihrer Umwelt gewahr.
In jedem einzelnen Moment. Denn ihr Geist ist präsent.

Ganz im Gegensatz zum Menschen: Da wird zuweilen während man mit dem Pferd zusammen ist
telefoniert oder es werden Gespräche mit Stallkolle-
gen geführt und was weiss ich noch alles. Der Mensch
ist also allzu oft geistig schlicht und ergreifend abwe-
send oder abgelenkt und verlangt dann aber im Gegenzug die ständige und vollkommene Aufmerksamkeit seines Pferdes.

Das ist nicht nur unfair, sondern auch tragisch.
Denn wenn ich mir von meinem Gegenüber etwas
wünsche, sollte ich es ihm mindestens genauso ent-

gegen bringen! Wie kann man von einem Pferd Aufmerksamkeit verlangen, wenn man sie ihm noch nicht einmal selbst schenken kann? Wie kann man von einem Pferd Konzentriertheit verlangen, wenn man selber ständig abgelenkt ist?

Aufmerksamkeit ist ein nicht zu unterschätzendes Thema in einem harmonischen Zusammenleben mit Pferden. Ich kenne einige Pferde, die ihre Besitzer regelmässig kneifen, um sie daran zu erinnern, doch bitte nicht nur körperlich anwesend zu sein, sondern auch geistig.

Ich versuche meinen Pferden so gut es geht meine volle Aufmerksamkeit zu schenken. Natürlich gelingt auch mir das nicht immer. Aber es ist mir sehr, sehr wichtig. Und ich bin mir der Tatsache bewusst, dass ich sie nicht für ihre Unaufmerksamkeit tadeln kann, wenn ich selbst diejenige war, die grade mit ihrer Aufmerksamkeit irgendwo anders war.

Sobald wir unaufmerksam werden oder abgelenkt sind, wird das Band, das uns mit unseren Pferden energetisch verbindet, dünner. Wir sollten daher unsere Aufmerksamkeit gegenüber den Pferden an oberste Stelle setzen!

Pferde merken sehr schnell, wer aufmerksam und bewusst ist und wer nicht. Aber ich glaube sie können nicht wirklich verstehen, wie man „hier und gleichzeitig doch nicht hier sein kann". Da dies doch eine allzu typisch menschliche Eigenschaft ist.

Im Umgang mit „Problempferden" (nein, ich mag dieses Wort überhaupt nicht, aber ich glaube, dass Du als Leser damit ein deutliches Bild vor Augen hast, auf welche Probleme mit Pferden ich mich beziehe) gibt es ein sehr wichtiges und wertvolles Werkzeug zur Förderung einer besseren Beziehung: Führübungen!

Bei Führübungen geht es darum, dass der Mensch das Pferd im wortwörtlichen Sinne – also am Strick – führt. Ohne nun die Übung in aller Details zu beschreiben, geht es dabei darum, dass der Mensch mit dem Pferd am langen Strick läuft und dabei einige Dinge berücksichtigt, wie z.B. ob das Pferd mitkommt, wenn er losläuft. Ob es anhält, wenn er anhält. Ob es in ihn hinein läuft oder ob es einen respektvollen Abstand zu ihm wahrt.

Nicht mehr und nicht weniger. Eine scheinbar völlig banale Übung. Aber eben nur scheinbar...

Ich persönlich liebe diese Übung. Denn sie verblüfft den Menschen mit ihrer Wirkung, lässt die Pferde zur Entspannung kommen und sensibilisiert den Menschen auf das Gefühl der vollständigen Aufmerksamkeit, des Gewahrseins, der Präsenz und der Bewusstheit.

Aus pferdepsychologischer Sicht geht es bei dieser Übung vor allem um Individualdistanz und Klarheit. Aus energetischer Sicht geht es aber um sehr viel mehr. Denn plötzlich ist der Mensch dazu aufgefordert zu 100% bewusst und geistig anwesend zu sein. Auf einmal wird er dazu aufgefordert bewusst wahrzunehmen und zu registrieren, was sein Pferd eigentlich genau macht. In jeder einzelnen Sekunde!

Und plötzlich ist der Mensch endlich mal ganz bei seinem Pferd! Und – welch Überraschung – das Pferd plötzlich ganz bei seinem Menschen. Ja, es ist eigentlich so einfach...

Die Auswirkungen dieser Übung sind jedes Mal, wenn ich meine Kunden damit konfrontiere und ihnen die Übung erkläre, auf's Neue absolut fasziniert für mich. Denn jedes Mal stehen die Kunden am Anfang mit fragendem, leicht irritiertem Blick vor mir. Sie sollen das Pferd nur ein wenig am Strick führen? Und das soll ihnen bei all den vorhandenen Problemen helfen?

Ja.

Und wie es hilft! Es ist kaum zu glauben, was solch banale Übungen bewirken können. Was es auslöst, wenn der Mensch einfach mal bewusst da ist und sich gänzlich auf sein Pferd einstimmt. Meistens sind Mensch und Pferd nach nur knapp 10 Minuten mit dieser Übung geistig völlig erschöpft. Die Pferde quittieren die Übung oft mit gähnen und Entspannung. Ich spüre in diesen Momenten immer eine tiefe Dankbarkeit der Pferde. Dankbarkeit dafür, dass ihr Mensch nun endlich im Jetzt angekommen und ganz bewusst bei ihm ist.

Deswegen merke: Wenn Du Zeit mit Deinem Pferd verbringst, dann schenke ihm Deine volle Aufmerksamkeit. Biete ihm somit das an, was Du Dir von ihm wünschst. In jedem einzelnen Moment und nicht nur, wenn Du grade etwas von Deinem Pferd möchtest.

Dein Pferd nimmt Dich ständig wahr und ist ganz präsent im jeweiligen Moment – und wo bist Du währenddessen? Werde präsent, werde bewusst, werde aufmerksam. Dann wird das Band, das Dich und Dein Pferd verbindet, immer stärker und fester.

Verhaltenskorrektur vs. Verhaltensetablierung

Im Rahmen des Erziehungsthemas möchte ich nun noch ergänzend auf den Unterschied zwischen einer Verhaltenskorrektur und einer neuen Verhaltensetablierung eingehen. Denn ich glaube es ist von grosser Wichtigkeit, dass wir diese beiden Dinge voneinander trennen.

Man muss sich also im Klaren darüber sein, ob es bei einem Anliegen um eine Verhaltenskorrektur oder eine Verhaltensetablierung geht.

Eine Korrektur bedeutet, dass man ein „falsches" Verhalten tatsächlich korrigiert – also tadelt. Und im Idealfall dem Pferd aber danach zeigt, welches Verhalten stattdessen besser wäre. Aber dazu gleich mehr...

Eine Etablierung ist das Lernen und Festigen eines neuen Verhaltens. Hierbei ist die positive Verstärkung der Grundpfeiler jeglicher Arbeit. Jeder richtige Schritt in die richtige Richtung – und sei er noch so klein – sollte bestätigt werden! Aber auch dazu später mehr...

Gehen wir nun erstmal auf das Thema der Verhaltenskorrektur genauer ein. Ich beobachte häufig, dass Menschen durchaus ein Verhalten korrigieren /

tadeln. Das tun sie im Übrigen auch oft und gerne bei ihren Mitmenschen und ihren Kindern. Komischerweise will niemand mehr wirklich erziehen, aber alle sind meisterlich darin Andere zu tadeln. Doch fast jedes Mal bleibt beim Getadelten die Frage im Raum stehen: Aber was soll ich denn stattdessen tun?

Wer diese Frage unbeantwortet im Raum stehen lässt, verpasst die Gelegenheit etwas nachhaltig zu verändern und zu verbessern.

In der heutigen Gesellschaft sind Tadel, Kritik und die Ausrichtung auf Negativität leider weit verbreitet. Es gibt leider nur wenige Menschen, die bewusst ein wohlwollendes Miteinander zelebrieren. Und hinzu kommt, dass die meisten von uns Tadel oder eine Korrektur noch gar nie anders erlebt haben. Man wird korrigiert oder bestraft – und das war's dann auch.

Der geheime Trick besteht nun darin, dass man nach der Korrektur – je nach Situation – zeigt, was man denn stattdessen möchte. Und nicht einfach nur zu tadeln und das Pferd (oder eben auch die Mitmenschen oder Kinder) dann sozusagen im Regen stehen zu lassen. So können wir auch diese oftmals eher unangenehme Situation der Korrektur auch wieder direkt in etwas Positives und Wohlwollendes verwandeln.

Dieser Ablauf spielt sich teilweise nur innert weniger Sekunden ab und man muss dabei fähig sein innerhalb kürzester Zeit sein eigenes Energielevel und seine Ausstrahlung von „Korrektur/Tadel" wieder auf „Positiv" zu switchen. Das braucht Übung und sehr viel Präsenz. Aber vor allem braucht es innere Neutralität. Wenn wir also emotional im Tadelgefühl verweilen oder hängen bleiben, dann verlieren wir unsere Neutralität, unsere Präsenz und somit die Fähigkeit uns auch wieder nach dem Positiven auszurichten.

Mit einer neutralen Grundeinstellung bin ich jedoch in der Lage klar und deutlich zu korrigieren und in der nächsten Sekunde wieder mit einer positiven Grundhaltung zu loben. Dieser „Switch" ist einer der wichtigsten Schlüssel im Umgang mit Tieren und vielleicht sogar auch Mitmenschen und Kindern! Also nicht hängen zu bleiben in einem Gefühl, einem Gedanken oder einem Verhalten, sondern absolut im Jetzt zu sein. Präsent zu sein. Bewusst zu sein. Denn wenn die Korrektur erfolgt ist, gibt es keinen Grund mehr darin zu verweilen. Es ist bereits Vergangenheit und wenn wir zu sehr darin hängen bleiben, dann verpassen wir Gelegenheiten in der Gegenwart.

Nochmal zusammengefasst: Wenn ich etwas korrigiere/tadle, suche ich mir wann immer möglich die Gelegenheit dem Pferd direkt anschliessend das bessere (im Sinne von: erwünschte) Verhalten zu zeigen und es dafür dann auch zu belohnen.

Nur so lernt das Pferd auch etwas! Und der Aspekt des Lernens sollte immer im Vordergrund sein.

Wenn wir nur tadeln/korrigieren, dann lernen Pferde nichts. Wenn wir aber wollen, dass unsere Pferde auch etwas lernen – oder wenn wir, wie weiter oben beschrieben, aus dem Rohstein eine wundervolle Statue machen möchten – dann können wir nicht nur darauf herum hacken, wir müssen den Rohstein auch mit Liebe und Hingabe schleifen und formen.

Merke: Es gibt einen Unterschied zwischen Verhaltenskorrektur und Etablierung von neuem Verhalten. Diesen Unterschied zu verstehen ist essenziell. Ich gehe später noch genauer auf das Thema des Lernens ein.

Lerne eine gewisse innere Neutralität zu wahren um innerhalb von Sekundenbruchteilen von einer tadelnden Energie zu einer lobenden Energie switchen zu können. Bleib bloss nicht im Tadel hängen!

Führung übernehmen – ein Grundverständnis

Ich mag es Worte auseinander zu nehmen und dadurch ihren ursprünglichen – und manchmal auch so manch zusätzlichen – Sinn heraus zu filtern.

Führung kommt vom Verb „führen". Wenn wir also davon sprechen bei einem Pferd die Führung zu übernehmen, bedeutet dies nichts Anderes, als das Pferd zu führen.

Im Duden steht beim Begriff Führen:

- Jemandem den Weg zeigen und dabei mit ihm gehen, ihn geleiten; leiten; auf einem Weg o. Ä. geleiten

- Jmd. veranlassen, an einen bestimmten Ort mitzukommen; an einen bestimmten Ort bringen; geleiten

Führung hat also mit (be-)herrschen rein gar nichts zu tun. Und um es gleich vorweg zu sagen: Weder Diktatur noch der „laisser-faire" („machen lassen")- Führungsstil haben etwas mit wirklicher Führung zu tun.

Ein Wesen zu führen bedeutet, das Gegenüber zu verstehen, wahrzunehmen, es zu spüren und die Fähigkeit zu besitzen, es an ein gemeinsames (gemeinsames! Nicht einsames!) Ziel zu führen. Führung hat in meinen Augen deshalb sehr viel mit Intuition aber auch Empathie zu tun. Fähigkeiten, die in jedem Menschen grundsätzlich vorhanden wären. Die jedoch nicht bei allen gleich stark ausgeprägt sind.

Ich bin der Überzeugung, dass jeder Mensch die Möglichkeit hat, seine Intuition aber auch seine Empathie zu fördern und zu stärken. Dies geschieht aber nur dann, wenn man sich auch bewusst darauf einlässt bzw. einlassen möchte. Von ganz alleine oder gar ohne bestehende Verhaltensmuster zu überdenken und zu verändern, wird man hier zwangsläufig scheitern. Man kann kein neues Kleid anziehen, ohne vorher das Alte abgestreift zu haben.

Ich glaube ja, dass es vielen Menschen schwer fällt ein Gespür für natürliche, positive Führung zu entwickeln, weil nur wenige Menschen eine solche Führung bisher selbst in ihrem Leben erleben konnten. Ich durfte in meiner Vergangenheit Vorgesetzte erleben, die es verstanden mich zu führen. Natürlich gab es auch Andere, deren Führungsstil merklich zu wünschen übrig liess. Aber ich habe vor allem von den positiven Erfahrungen sehr viel über Führung lernen können. Und es ist in meinen Augen ein Segen, wenn man einer führungskompetenten Person begegnen darf und sich von ihr führen lässt. So erlebt man direkt, wie wertvoll und bereichernd eine positive Führung sein kann.

Ein Gespür für Führung zu entwickeln, bedeutet auch, sich selbst bzw. sein Verhalten zu reflektieren. Dass wir unser Verhalten und unsere eigenen Re-Aktionen bewusst registrieren, überdenken und bereit dazu sind diese wenn nötig zu verändern.

Wer glaubt, er könne den Weg mit Pferden gehen, ohne dabei auch an sich selbst zu arbeiten, der wird niemals erleben, welche magische Verbindung zu Pferden tatsächlich möglich sein kann. Denn solange man glaubt, dass nur das Pferd sich zu verändern, anzupassen oder zu lernen hätte, bewegt sich – bildlich gesprochen – ständig auf einer Einbahnstrasse mit anschliessender Sackgasse.

Aber Kommunikation ist nunmal keine Einbahnstrasse!

Kommunikation bedeutet nicht nur mitteilen, sondern vor allem auch zuzuhören. Und um wirklich zuzuhören, braucht man ein offenes Herz. Denn erst mit offenem Herzen können wir die darunterliegenden Botschaften erkennen und die wahren Zusammenhänge verstehen lernen. Und erst wenn wir sehen können, was hinter einem gezeigten Verhalten wirklich liegt, können wir auch entsprechend darauf eingehen und richtig darauf reagieren. Und dann wird alles eigentlich ganz einfach ☺

Hierin liegt für mich der Kern von wahrer Führung: Die Fähigkeit zuhören zu können, das Gegenüber zu spüren, zu verstehen und zu respektieren.

Und dann das Gegenüber genau dort abzuholen, wo es sich gerade befindet um mit ihm gemeinsam eine gezielte Richtung einzuschlagen.

Ich möchte nun noch einmal auf das Beispiel des scheuenden Pferdes von weiter oben zurück kommen. Frage Dich, wie Du bisher auf Scheuen deines Pferdes reagiert hast: Wurdest Du zornig? Hast Du Druck gemacht? Hast Du womöglich gedacht „jetzt tu mal nicht so"? Oder gar gedacht und vielleicht sogar gesagt: „Verarsch mich nicht!"

Wenn ja, dann hast Du in jenem Moment Deinem Pferd nicht richtig zugehört und ihm stattdessen Deine Meinung auferlegt bzw. Deine Meinung auf Dein Pferd projiziert.

Wie bereits zu Beginn dieses Buches erwähnt, möchte ich hier keine Anleitungen geben. Obwohl es durchaus Techniken und Herangehensweisen gibt, die in solchen Situationen funktionieren und helfen können. Doch für mich liegt das wahre Pferdeverständnis nunmal nicht hinter irgendwelchen Techniken oder Anleitungen, sondern im Verstehen der grundlegenden Zusammenhänge und Hintergründe.

Techniken sind Hilfsmittel, nicht mehr und nicht weniger. Doch wer die Essenz, das Grundgerüst, zu verstehen beginnt, der benötigt keine Techniken mehr. Tatsache ist jedoch auch, dass vielen von uns Techniken anfänglich helfen können, um überhaupt einmal auf einen neuen Weg zu kommen. Doch wer auf dem Level der Techniken bleibt, der wird niemals darüber hinaus wachsen können. Denn Techniken – und das darf man nicht vergessen – limitieren auch. Sie geben uns einen Rahmen, der uns zwar hilft uns zu orientieren. Aber genau dieser Rahmen kann am Ende auch zu einem Gefängnis werden. Nämlich dann, wenn man sich nur noch in diesem Rahmen bewegt und das eigene Gespür auf Kosten der Technik verwelkt.

Zurück zum Beispiel des scheuenden Pferdes. Wir öffnen uns für das Pferd dann, wenn wir in einem ersten Schritt nicht nur zu verstehen versuchen, was es uns mitteilen möchte. Sondern auch annehmen können, dass es in seiner Wahrnehmung so ist. Pferde überlegen sich nicht zu scheuen, weil sie den Besitzer ärgern wollen. Solche perfiden Denkweisen kennt nur der Mensch.

Und es ist einfach nicht fair auf Angst oder Unsicherheit des Pferdes mit Unverständnis zu reagieren. Ich muss die Angst oder Unsicherheit meines Pferdes ernst nehmen. Erst dann kann ich auch richtig darauf reagieren.

Wenn wir dann verstehen und auch annehmen können, dass es der für das Pferd gruselige Traktor ist oder der anders als gestern geformte Busch oder das hohe Maisfeld (hinter dem übrigens Raubtiere wunderbar lauern könnten) oder die rauschende Plane, die dem Pferd in seiner Welt und in seiner Wahrnehmung Unbehagen bereitet, dann haben wir bereits einen ersten Schritt hin zu mehr Verständnis gemacht.

Der zweite Schritt besteht nun darin das Pferd in seiner Emotion nicht nur ernst zu nehmen, sondern es auch dort abzuholen. Gedanken wie „das ist doch gar nicht schlimm" oder „Du verarschst mich doch nur" sind schlicht fehl am Platz und verschliessen direkt die Tür zu einer vertrauensvollen Beziehung. Denn, für das Pferd ist es in jener Situation schlimm, sonst würde es sich kaum so verhalten. Punkt. Ob wir das nun verstehen können oder nicht, ist ein anderes Kapitel.

Wir müssen unsere Pferde also ernst nehmen bei dem was sie uns mitzuteilen versuchen. Wir müssen ihrer Wahrnehmung nicht zwingend zustimmen, wir müssen auch gar nicht gleicher Meinung sein, aber wir müssen sie ernst nehmen in Ihrem Gefühl!

Solange wir glauben unsere Pferde würden uns „verarschen", sind wir sehr weit weg von einer harmonischen Beziehung mit ihnen. Denn Tiere – im Gegensatz zum Menschen – „verarschen" uns nicht. Sie testen womöglich unsere Führungsqualitäten, prüfen ob wir die richtigen Fähigkeiten haben oder überprüfen den Rahmen in dem sie sich bewegen können, aber niemals würden sie uns willentlich „verarschen".

Die Wahrnehmung der Pferde

Bevor ich mich weiter dem Thema der Führung widme, möchte ich hier zuerst kurz auf die Wahrnehmung der Pferde eingehen.

Hier geht es mir aber nun nicht darum, welche Farben Pferde sehen können und welche nicht oder in welchem Radius sich ihr Sichtfeld bewegt. Solche Fakten kann man in anderen Fachbüchern schnell finden. Viel mehr geht es mir darum ein grundlegendes Verständnis für die andersartige Wahrnehmung und Weltansicht der Pferde zu vermitteln.

Pferde sind Gestaltwahrnehmer. Sie beobachten ihre Umgebung und speichern das Bild ab. Dabei nehmen sie bereits kleinste Veränderungen darin wahr.

Warum? Weil in der freien Natur ein Busch, der etwas anders aussieht als noch zuvor, darauf hindeuten könnte, dass sich dahinter ein Raubtier versteckt. Kurzum: Es geht auch hier wieder nur um's Überleben.

Und auch wenn unsere domestizierten Pferde sich heutzutage keine Sorgen um Raubtiere mehr machen müssten, so ist dies dennoch in ihrem Instinkt verankert. Domestikation bedeutet nämlich nicht die Auslöschung ursprünglichen Verhaltens oder eine Anpassung an „menschliche Wahrnehmung". Es bedeutet eher, dass eine Anpassung stattgefunden hat an das Zusammenleben mit dem Menschen.

Für Pferde bedeuten somit kleinste Veränderungen in einer bekannten Umgebung, dass Gefahr dahinter lauern könnte. Es sind oft klitzekleine Veränderungen, die wir Menschen mit unseren Sinnen noch nicht einmal wahrnehmen können. Weil unsere Wahrnehmung einfach eine gänzlich Andere ist. Hier sei auch kurz erwähnt, dass Pferde tatsächlich manchmal „Gespenster" sehen – also Dinge, die wir mit unseren Sinnen nicht wahrnehmen können.

Immer wieder hört und liest man auch von der unterschiedlichen Wahrnehmung des linken und des rechten Auges bzw. der jeweiligen unterschiedlichen Verarbeitung in den beiden Hirnhälften. Dies mag stimmen. Ich teile diese Ansicht jedoch nur bedingt. Aus früheren Vorlesungen der Neurowissenschaften, die ich an der Universität Zürich besucht habe, weiss ich einiges über die neurologische Verarbeitung von Reizen, Sinneseindrücken und besonders über die Verarbeitung des Sehens. Zugegeben basiert dieses Wissen auf dem menschlichen Gehirn und ich möchte mir nicht anmassen zu behaupten, wie es im Pferd neurologisch aussieht und ob man das nun direkt vergleichen kann oder nicht. Ich möchte auch die Hypothesen der unterschiedlichen links-rechts Verarbeitung an sich gar nicht angreifen oder verwerfen.

Viel mehr möchte ich ein paar neue, ergänzende Sichtweisen und Gedanken hinzufügen. Denn Tatsache ist, dass Pferde auf denselben Reiz unterschiedlich reagieren, wenn sie ihn zuerst nur mit dem Einen und erst später mit dem anderen Auge sehen.

Ich glaube aber, dass diese unterschiedliche Reaktion auf einen Reiz vielfach damit zu tun hat, dass ein Pferd eine „leichter angreifbare" bzw. eine „besser fliehende" Körperhälfte hat. Somit wirken manche Dinge von links gefährlicher als von rechts oder vice versa.

Ich verbinde diesen Umstand mit der natürlichen Schiefe der Pferde. Denn Pferde sind von Natur aus schief. Das Thema der Schiefe würde allerdings wohl bereits ein halbes Buch füllen. Deshalb möchte ich hier nicht im Detail darauf eingehen. Aber ausgehend von der natürlichen Schiefe haben Pferde automatisch auch eine bevorzugte Seite, eine dominante Körperseite sozsuagen. Wie wir Menschen im Übrigen auch (Rechts-/Linkshänder, Sprung-/Stützbein). Bedingt durch diese Schiefe, die eben auch Auswirkungen auf Wendigkeit und Balance hat, habe ich beobachtet, dass Pferde eine bevorzugte Flucht- bzw. Kampfseite haben.

Vorstellen können wir uns das vielleicht durch unsere eigene Händigkeit. Auch wir haben eine bevorzugte und damit dominantere Körperhälfte. Für uns Menschen bedeutet das, dass wir eine dominante Hand haben, mit der wir zu vielem fähig sind. Während die andere Hand meist etwas ungeschickt ist. Gleichzeitig haben wir aber auch ein Bein, mit dem wir gerne und besser abspringen können und ein Bein auf dem wir lieber landen. Wenn wir also angegriffen würden, hätten auch wir eine flinkere Seite und eine weniger flinke Seite für unser Ausweichmanöver bzw. unsere Flucht oder unseren Angriff.

Probiere es selbst aus – mit welchem Bein kannst Du besser abspringen und somit unmittelbarer vor einer Gefahr weichen? Und was geschieht, wenn Du dasselbe mit dem anderen Bein versuchst? Mit welchem Bein kannst Du Dich nach einem Sprung oder Sturz besser auffangen? Und was passiert, wenn Du es mit dem anderen Bein versuchst?

Ähnlich verhält es sich bei den Pferden. Steht das gefährliche Objekt nun an der Seite, von der aus das Pferd schlechter, im Sinne von weniger schnell oder weniger flink, fliehen kann, reagiert das Pferd meist sensibler auf die Gefahr. Dies ist zumindest eine Beobachtung, die ich bisher mehrfach machen konnte. Nämlich, dass die Intensität der Reaktion auf beängstigende Reize eng mit der natürlichen Schiefe der Pferde gekoppelt ist.

Nebst dem Sehsinn, nehmen Pferde ihre Umgebung aber natürlich auch über die anderen Sinnesorgane wahr, z.B. durch ihre Ohren oder den Geruch. Und hier sind unsere menschlichen Sinne im Vergleich zu denjenigen der Pferde wohl eher ein wenig verkümmert. Für mich als medial veranlagter Mensch geht das sogar soweit, dass ich überzeugt davon bin, dass Pferde auch diverse Formen von Energien wahrnehmen, die wir nicht spüren oder nicht sehen. Dinge also, die für die meisten von uns oft im Verborgenen liegen.

Könnten Pferde sprechen, würden sie uns wohl regelmässig auf Gegebenheiten in unserer Umgebung aufmerksam machen, die wir Menschen einfach überhaupt nicht wahrgenommen haben. Die auf unserem inneren Radar bzw. in unserem eigenen Wahrnehmungsfeld überhaupt nicht aufgetaucht sind.

Als Wesen der Natur sind ihre Sinne viel geschärfter als die unseren. Unsere Wahrnehmung befindet sich nicht nur in einem anderen Wahrnehmungsspektrum. Die Haupteinbüssung unserer Sinne kommt wohl eher von unseren (modernen) Lebensgewohnheiten. Denn diese sorgen dafür, dass unsere Sinne und unsere Instinkte mehr und mehr verkümmern. Frei nach dem Motto: Use it or lose it / Nutze es oder verliere es.

So gesehen ist die menschliche Aussage „da ist doch gar nichts!" gegenüber einem vermeintlich grundlos scheuenden Pferd praktisch immer falsch. Korrekter wäre wohl zu sagen „ich nehme leider nicht wahr, was Du gerade wahrnimmst. Aber ich nehme Dich dennoch ernst."

An dieser Stelle möchte ich auch ganz kurz auf das Thema Wind eingehen. Viele Menschen verstehen nicht, wieso sich das Verhalten der Pferde bei Wind oder unruhigem Wetter teils drastisch verändert. Das sonst so ruhige Pferd wird bei Wind oder gar Sturm plötzlich unruhig und unsicher.

Dazu ein kleines Gedankenspiel: Stell Dir vor, Du würdest die Welt als Pferd wahrnehmen. Du würdest also Deine Umgebung abscannen und ständig jede kleinste Veränderung registrieren. Dabei wären bereits kleinste Veränderungen für Dich ein riesen Alarmsignal. Denn überall könnten Raubtiere lauern, die Dich töten möchten. Nicht nur Deine Augen, sondern auch Dein Gehör und auch Dein Geruchssinn wären wichtige Sinne um einen Gesamteindruck der aktuellen Umgebung zu erhalten. Je stärker der Wind nun bläst, desto mehr befindet sich Deine Umgebung in ständiger Veränderung und Bewegung. Das frühzeitige Erkennen von lauernden Raubtieren wird somit sehr schwierig. Der Wind rauscht Dir um Deine grossen, beweglichen und behaarten Ohren und verzerrt zusätzlich auch noch die akustischen Signale. Auf Deinen Geruchssinn kannst Du Dich bei Wind auch nicht mehr verlassen, denn der Wind verzerrt Gerüche und lässt eine Lokalisierung nahezu unmöglich werden. Gut möglich, dass Du das nahende Raubtier noch nicht einmal riechst, obwohl es gerade direkt hinter Dir steht. Ein Grossteil Deiner Sinneswahrnehmungen wird also durch den Wind erschwert und völlig verzerrt. Und als Beutetier bist Du Dir der potenziellen Gefahren für Dein Leben nur allzu sehr bewusst.

Fühlst Du Dich bei dieser Vorstellung noch entspannt und sicher? Wohl kaum.

Doch genau so ergeht es vielen Pferden bei unruhigem Wetter und insbesondere bei starkem Wind. Abgesehen davon, dass Wind und Sturm eine ganz besondere – ziemlich starke und unruhige – Energie haben.

Wenn Dein Pferd also bei Wind gerne unruhig wird, dann zeige ihm Verständnis für seine Situation. Und konfrontiere es nicht noch mit Deinen Ansprüchen, denn es hat in diesem Moment bereits genug mit sich selbst bzw. seiner Umgebung zu tun.

Werde Dir immer wieder auf's Neue bewusst, dass die Wahrnehmung der Pferde eine Andere ist als die Unsere. Werde Dir daüber bewusst, dass meist wir „fehlerhaft" sind in unserer Wahrnehmung und den Pferden darin schnell mal hinterher hinken. Im Gegensatz zu Pferden sind wir oft ein wenig „Wahrnehmungskrüppel", gerade weil wir uns von der Natur und unseren eigenen Instinkten mittlerweile so weit entfernt haben.

Achte und respektiere die Einschätzungen Deines Pferdes über seine Umgebung. Denn es gehört zu den Prinzipien in einer Herde, dass man die Umgebung überwacht und bei potenzieller Gefahr Alarm schlägt. Dies ist kein Fehlverhalten seitens des Pferdes, sondern ein Versuch uns auf potenzielle Gefahren aufmerksam zu machen, an denen wir Menschen achtlos vorbei laufen. Aber es ist ein Fehlverhalten seitens des Menschen das Pferd für seine Aufmerksamkeit zu bestrafen!

Merke: Das Pferd hat eine eigene Form der Wahrnehmung, die mit Deinem eigenen Sinn für Realität vermutlich nicht viel gemein hat. Respektiere seine Weltansicht und versuche nicht ihm die Welt aus den Augen des Menschen zu erklären.

Instinkt und Fluchttier

Instinktives Verhalten steuert nicht nur Pferde. Auch wir Menschen sind noch immer in unserem Verhalten häufig unseren Instinkten unterlegen. Auch wenn dies so manchem gar nicht richtig bewusst sein mag.

Instinktives Verhalten gehört zu den autonomen, also nicht bewusst gesteuerten, Verhaltensweisen. Ähnlich wie bei den Reflexen. Und genau hierin liegt die Krux: Pferde können zwar lernen ihren Fluchtinstinkt zu unterdrücken, zu mindern oder durch ein anderes Verhalten zu überlagern. Aber in dem Moment, in dem der Instinkt aktiv wird und Überhand nimmt, ist es den Pferden fast nicht mehr möglich klar zu denken – also ihr Verhalten und die Reize kognitiv zu verarbeiten.

Dann betiteln wir die Pferde auch gerne als „kopflos", was insofern noch nicht einmal ganz so falsch ist. Denn in so einem Moment sind sie tatsächlich in gewisser Weise kopflos: Instinktive oder reflexartige Verhaltensweisen werden ungefiltert abgespult, kognitive Denkprozesse treten in den Hintergrund. Es wird sozusagen nur noch reagiert und nicht mehr bewusst gehandelt.

Auch hier möchte ich mich wieder an der Natur orientieren: Bei potenzieller Gefahr geht es um Sekundenbruchteile, die über Leben oder Tod entscheiden. Deswegen hat uns die Natur Reflexe geschenkt. Diese werden nämlich nicht über das kognitiv denkende Gehirn verarbeitet. Da eine Extraschlaufe über das bewertende und beurteilende Gehirn schlicht zu viel Zeit in Anspruch nehmen würde in einer Gefahrensituation. Ein Reflex löst also direkt eine Reaktion aus – ohne weitere Verarbeitung im Gehirn.

Bei instinktivem Verhalten ist dies ähnlich. Instinktives Verhalten kommt meist unmittelbar und ungefiltert. Würde das Pferd in einer gefährlichen Situation in der Natur erst noch lange überlegen müssen, ob es denn nun tatsächlich fliehen soll oder nicht, wäre es womöglich bereits in den Fängen des Räubers gelandet und damit dem Tode geweiht.

Aber Pferde können im Rahmen des Zusammenlebens mit uns Menschen durchaus lernen Situationen neu einzuordnen und zu bewerten und so zunehmend an Vertrauen gewinnen. Pferde können also ein Stück weit ihr instinktives Verhalten ablegen bzw. mit anderem (erlerntem) Verhalten überlagern.

Aber, kannst Du Dein instinktives Verhalten gegenüber Deinem Pferd genauso ablegen und bestehende Verhaltensweisen verändern?

Wir Menschen sind vom ursprünglichen Überlebenskampf mittlerweile sehr weit entfernt. Unsere

Form des Überlebens hat sich auf eine ganz andere Ebene entwickelt. Heutzutage brauchen wir keine direkten Raubtierangriffe mehr zu fürchten. Heutzutage fürchten wir „modernen Menschen" uns meist mehr vor allfälligen Rechnungen, als vor Raubtieren. Für unsere Pferde ist der ursprüngliche Überlebenskampf jedoch nach wie vor präsent. Wie bereits mehrfach erwähnt darf der Gedanke der Domestikation nicht dazu führen, dass Pferde „ent-natürlicht" seien. Ihre Wurzeln, ihr Wesen und ihre Art des Umgangs sind nach wie vor geprägt von den urtümlichen und natürlichen Strukturen und Verhaltensweisen.

Werden wir uns dessen erst einmal bewusst, können wir auf unsere Pferde auch wirklich eingehen. Dann erst können wir sie wirklich verstehen. Damit beginnt Empathie, also eine Form des Mitgefühls in der wir nachvollziehen können, was ein anderes Lebewesen durchlebt. Ob das nun zu unseren eigenen Vorstellungen, Massstäben und Bewertungen passt oder nicht.

Wer versucht aus einem Pferd einen besseren Menschen zu machen, der wird ständig kläglich scheitern. Wer aber versucht sein Pferd als Pferd wahrzunehmen und es zu einem besseren Pferd zu machen, dem öffnen sich die Türen in eine Welt des Miteinanders.

Der Schlüssel liegt darin instinktives Verhalten als Teil des Wesens Pferd anzuerkennen und es dann umzuleiten. Aber stets bewusst darüber zu bleiben, dass Instinkt Teil der Natur ist und immer sein wird.

Instinkt ist somit nichts, wofür man ein Pferd bestrafen müsste!

In unserer heutigen Welt haben wir die Zugänge zur Natur deutlich verloren. Und ich glaube, die meisten bewegen sich nicht zuletzt dank der modernen Technologien sogar stetig noch weiter davon weg. Daher wundert es mich auch nicht, dass die Menschen oftmals Probleme mit natürlichem Verhalten eines Tieres haben. Es passt einfach nicht in das von uns gewohnte Schema. Denn heutzutage sollte jeder Mensch und somit auch pauschalisiert jedes Wesen ja ständig funktionieren und vor allem angepasst sein. Angepasst an „unsere Welt", die wir uns erschaffen haben. Vergessend, dass diese Welt oftmals weit weg von einer natürlichen Welt ist, in der sich unsere Pferde befinden.

Ich wünsche mir eine Welt, in der weder Menschen noch Tiere stets gleich sein oder alle gleich gut funktionieren müssten. Eine Welt, in der wir ein grösseres Gespür und Verständnis für Natürlichkeit hätten. Für die Natur, natürliche Rhythmen und natürliche Zusammenhänge. Es wäre eine Welt mit so viel mehr Frieden, Ruhe und Freiheit, die zu uns zurück kehren würde.

Unsere Pferde katapultieren uns direkt zu natürlichem und instinktivem Verhalten zurück, indem sie uns schlicht und ergreifend immer wieder damit konfrontieren. Nun liegt es an uns Menschen, ob wir dennoch versuchen ihnen den Mantel des „Du musst immer funktionieren, berechenbar und angepasst sein" überzustülpen und ihnen damit letztendlich niemals gerecht werden. Oder ob wir ihnen die Form von Freiheit schenken können, die wir uns insgeheim womöglich für uns selbst wünschen. Ihnen erlauben „Fehler" zu haben und zu machen, ihnen erlauben auf natürliche Weise auf äussere Reize zu reagieren. Und ihnen dann mit offenem Herzen einen anderen Weg, eine andere mögliche Reaktion, aufzeigen.

Jedes Mal, wenn wir ein Pferd für ein natürliches oder instinktives Verhalten bestrafen, verlieren wir womöglich ein Stück seines Vertrauens. Wir müssen ganz und gar nicht jede Reaktion unseres Pferdes gut heissen und manchmal sind Situationen auch einfach derart gefährlich, dass es nicht möglich ist, das jeweilige Verhalten mit Mitgefühl zuzulassen. Aber es geht um eine allgemeine Grundeinstellung, die man hat oder eben nicht.

Deshalb habe ich auch weiter oben davon gesprochen, dass man nicht versuchen soll aus einem Pferd einen besseren Menschen zu machen. Denn Pferd bleibt Pferd, Mensch bleibt Mensch. Und wenn wir unseren Pferden mit den Ansprüchen, die wir uns selbst oder anderen Menschen gegenüber hegen, begegnen, werden wir ihnen nicht gerecht. Ich glaube, dass sehr viel eigene Entwicklung und die Befassung mit eigenen Lebensthemen und Prozessen dazu gehört, damit man die Pferde wirklich Pferde sein lassen kann. Es mag sich alles einfach anhören, aber letzten Endes konfrontiert uns der Umgang mit Pferden immer wieder auf's Neue mit uns selbst. Mit unserer eigenen Meinung und Einstellung über die Welt, mit unserer eigenen Freiheit oder Unfreiheit, mit unseren eigenen oder übernommenen Gedanken, Gefühlen und Vorstellungen.

Es ist schwer für uns moderne Menschen sich vorzustellen, dass es für Pferde nach wie vor um Überleben oder Tod geht. Ich glaube auch nicht, dass ein Pferd hinter jedem vermeintlich gefährlichen Busch direkt den Tod lauern sieht. Es gibt durchaus Abstufungen der Angst und Unsicherheit. Aber wenn ein Pferd mit weit aufgerissenen Augen, aufgeblähten Nüstern, starker Atmung, einem hochgerissenen Kopf und einer erhöhten Körperspannung vor uns steht – also das gesamte Tier auf Flucht eingestellt ist – dann hat es tatsächlich einfach Angst. Womöglich sogar Todesangst.

Diese Signale sind ernst zu nehmen! Es kann einfach nicht sein, dass wir solch eine massive Reaktion nicht ernst nehmen. Oder auf dieses Verhalten mit noch mehr Kontrolle, noch mehr Druck oder noch mehr Zwang reagieren.

Ist es denn so schwierig zu akzeptieren, dass Pferde Fluchttiere sind?

Man muss sich wirklich einmal damit auseinander setzen, was es heisst, ein Flucht- & Beutetier zu sein. Alle Pferdebesitzer wissen, dass Pferde Fluchttiere sind. Diese Kategorisierung lernt man ja meist schon sehr früh. Aber kaum einer setzt sich wahrhaftig damit auseinander, was es bedeutet. Alles, was die meisten darüber wissen ist, dass das Pferd bei Gefahr flüchtet und nicht primär den Angriff wählt. Wir sollten aber nicht nur theoretisch wissen, was es bedeutet ein Fluchttier zu sein – wir sollten es verinnerlichen, um es wirklich zu verstehen.

Wir müssen das Gefühl des Fluchttieres in uns aufnehmen um es in der Tiefe zu verstehen und dann vielleicht besser darauf reagieren zu können. Wir, die wir vermehrt Raubtierzüge in uns tragen, müssen versuchen die Welt auch aus den Augen eines Flucht- & Beutetieres zu sehen. Und dies ist eine gänzlich andere Welt.

Und genau dieses Einfühlen können meine ich mit Empathie! Die Fähigkeit sich in das Wesen des Pferdes hinein zu fühlen. Seine eigenen Ansichten nach hinten zu rücken und vollständig einzutauchen in die Welt der Pferde. Um aus diesem Verständnis heraus sinnvoll handeln zu können.

Nimm Dir einen Moment Zeit um Dich in ein Dasein als Flucht- & Beutetier hinein zu fühlen. Und dadurch Dein Pferd verstehen zu lernen. Nimm seine Angst, seinen Schmerz oder seinen Widerwillen ernst. Du musst es vorerst nicht unbedingt verstehen können, um es fühlen zu können. Du musst Dich einfach nur auf dieses Gefühl einlassen. Schliess die Augen und versuche in den Körper eines Pferdes zu schlüpfen. Versuch zu verstehen, wie es sich anfühlt, ein Flucht- & Beutetier zu sein.

Vielleicht verstehst Du nun auch, liebe Leserin, lieber Leser, weshalb ich in diesem Buch keine Anleitungen geben möchte. Das Zusammenleben mit Pferden ist so hochkomplex, dass jede Anleitung irgendwann ihre Grenzen erreichen würde. Besonders der Umgang mit Angst ist von so vielen Faktoren abhängig, dass ich nicht guten Gewissens eine klare Anleitung geben könnte, wie man damit am Besten umgehen kann.

Denn es gibt nicht nur eine richtige Reaktion auf Angst oder Unsicherheit. In manchen Fällen mag es sinnvoll sein, dem Pferd klar zu zeigen, dass man die Situation unter Kontrolle hat und es sich nicht aufzuregen oder damit auseinander zu setzen braucht. In einer anderen Situation ist es vielleicht richtiger, dass man dem Pferd zeigt, dass seine Reaktion in Ordnung ist und es dann mit dem aufregenden Reiz in aller Ruhe konfrontiert. Manchmal ist es richtig ihnen einfach Zeit zu lassen und sich eher passiv zu verhalten. Manchmal ist es richtiger aktiv zu werden. Manchmal ist es richtig das Pferd auf den angstauslösenden Reiz gezielt zu desensibilisieren oder zu habituieren. Manchmal ist es aber eben auch richtig, den Angst auslösenden Reiz zu entfernen. Was im Einzelfall richtig ist, entscheidet sich durch die jeweilige Situation und die Konstellation von Mensch und Pferd. Und genau deshalb kann und will ich mich mit starren Anleitungen einfach nicht anfreunden.

Natürlich gibt es durchaus Techniken, die in den meisten Fällen auch helfen oder zumindest sinnvoll sind. Aber sie sind einfach nicht das Ende der Fahnenstange. Wir sollten die Ebene der Pauschalisierung im Zusammenleben mit Pferden deshalb einfach hinter uns lassen und uns in das offene Feld der Individualität begeben.

Jedes Pferd hat seinen eigenen Charakter, seine eigene Geschichte – genauso wie der Mensch, der bei ihm ist. So verschieden diese Konstellationen sein können, so verschieden können auch die Themen sein, die darunter verborgen liegen.

Pferde haben mich in meinem Leben schon sehr viel gelehrt und sie tun es noch immer. Sie lehren mich aber vor allem, dass es keine Pauschalantworten gibt. Sie lehren mich, mich in der Freiheit der Möglichkeiten Zuhause zu fühlen. Meinem Instinkt, meinem Bauchgefühl, vertrauen zu lernen und daraus heraus situativ zu entscheiden und zu handeln.

Selbst wenn ich auf eine Situation falsch reagiere – nobody's perfect –, so nimmt mir mein Pferd dies dennoch nicht unbedingt übel. Ich glaube Pferde verübeln uns unser Verhalten erst dann, wenn wir nichts daraus lernen. Wenn wir wie blind und taub weiter mit Scheuklappen durch die Welt laufen, nicht aufwachen und einfach nicht dazu lernen.

Wobei selbst dann, nehmen sie es uns eigentlich auch nicht wirklich übel in einem vermenschlichten Sinne. Denn sie verurteilen nicht und sind auch nicht nachtragend – im Gegensatz zum Menschen. Und vielfach haben sie auch einfach sehr viel Geduld und Mitgefühl für uns Menschen.

Sie wünschen uns, dass wir doch einen sinnvolleren Weg finden mögen. Und meistens versuchen sie sogar uns auf diesen anderen Weg einzuladen. Um dieses Hinweisschild jedoch zu erkennen, müssen wir bereit dazu sein, uns auch mal von ihnen führen zu lassen. Uns von ihnen zeigen zu lassen, was wir anschauen sollen und was wir noch lernen oder in uns entwickeln dürfen.

Vielleicht fragst Du Dich nun, wie man denn lernen kann, situativ zu reagieren. Die Antwort ist simpel: Indem Du es Dir erlaubst und es einfach versuchst und vor allem – indem Du ganz in den jeweiligen Moment eintauchst.

Dadurch, dass Du Dir eine situative Entscheidung erlaubst, öffnest Du den Raum für Deine Intuition. Solange Du aber vorausplanen möchtest, in der Vergangenheit (vergangenen Erfahrungen und Erlebnissen) verweilst oder stur irgendwelche Anleitungen befolgst, verschliesst Du den Raum für Deine Intuition. Denn Intuition kann nur in der Gegenwart entstehen.

Es geht noch nicht einmal darum, dass Du dann situativ immer alles richtig machen sollst – denn das gelingt niemandem. Sondern einfach nur darum, ganz in den Moment und die aktuelle Situation einzutauchen und dabei versuchst Dein Pferd wahrzunehmen, es zu spüren und es dort abzuholen, wo es sich innerlich grade befindet. Solltest Du merken, dass Deine Reaktion nicht richtig oder gar falsch war, beispielsweise weil Du ungerecht wurdest oder gar gewaltsam, dann lerne daraus und mach es einfach spätestens beim nächsten Mal besser.

Intuition – Handlung – (Selbst-)Reflektion

Merke: Selbstreflektion bietet Dir die Möglichkeit Dein Verhalten (nachträglich und zeitgleich) zu analysieren und bei Bedarf zu verändern. Es bietet Dir ebenfalls die Möglichkeit vielleicht tieferliegende Zusammenhänge und Verhaltensmuster zu erkennen. Und durch dieses Erkennen öffnet sich automatisch das Tor für Veränderung.

Führung (Vertiefung)

Nachdem ich nun versucht habe einige Hintergrundinformationen zur Wahrnehmung und zu natürlichen Verhaltensreaktionen von Pferden aufzuzeigen, möchte ich nun noch etwas tiefer in das Thema der Führung eintauchen.

Und obwohl ich das Wort „Dominanz" aufgrund seiner Schwingung überhaupt nicht mag, möchte ich doch noch kurz ein wenig genauer darauf eingehen.

Denn heutzutage wird immer wieder von „dominanten Pferden" gesprochen. Meine Meinung dazu ist, dass die wenigsten Pferde dominant sind. Punkt.

Es gibt durchaus starke Charaktere unter den Pferden. Aber wirklich dominant sind die Allerwenigsten. Aber dazu muss ich vielleicht vorweg genauer erläutern, was die meisten Menschen unter Dominanz verstehen: Ein dominantes Pferd wird oft als ein Pferd definiert, das die Führungsspitze, die „Herrschaft" um jeden Preis übernehmen möchte.

Bei meiner Arbeit begegnen mir viele Pferde, die von so manch Einem vorab als dominant eingestuft wurden. Die Wenigsten davon waren oder sind es jedoch tatsächlich.

Wahrlich dominante Pferde begegneten mir bisher höchst selten. Es gibt sie aber durchaus. Es sind Pferde, die oft tatsächlich diktatorische und teils auch aggressive Züge oder Veranlagungen in sich tragen. Doch von hundert Pferden betrifft das vielleicht Eines. Und selbst bei diesem Einen bleibt stets die Frage im Raum, ob es wirklich dominant ist oder vom Menschen dazu gebracht wurde.

Was mir jedoch ständig begegnet, sind Pferde, die sich vom Menschen nicht geführt oder verstanden fühlen und somit schlichtweg selber die Rolle der Führung übernehmen _müssen_. Wir erinnern uns an das Vakuum, das in der Natur nicht existieren kann. In einer Herde bzw. einer Gemeinschaft gibt es keine Nicht-Führung. Wenn der Mensch die Führungsposition also ablehnt, nicht annehmen will oder nicht annehmen kann, dann muss es das Pferd tun. Es hat gar keine Wahl.

Pferde leben in einer Herde, da ihnen die Gruppe Sicherheit bietet und die Chance zu überleben für jeden Einzelnen dadurch erhöht wird. Es gilt das Motto „gemeinsam sind wir stärker". Denn im Kampf zwischen Beute- & Raubtier erhält der Einzelne innerhalb einer Gruppe einfach die besseren Überlebenschancen, als wenn er alleine unterwegs wäre. Und erneut sind wir wieder unmittelbar beim Thema des (Über-)Lebens. Schnell wird also hoffentlich noch klarer, dass das Bedürfnis nach Sicherheit ein essenzielles Grundbedürfnis der Pferde ist.

Doch Teil einer Gruppe zu sein garantiert noch lange keine Sicherheit. Ist die Gruppe chaotisch, unorganisiert und kämpft jeder im Zweifelsfall doch nur für sich selbst, so hat diese Gruppe nichts mit einer Herde zu tun. Denn in einer Herde schaut man gegenseitig aufeinander!

Man beachte übrigens auch hier die Parallele zu unserer heutigen Welt: Wie viele Gruppen – geschäftlich geprägt, privat verbunden, verwandt oder befreundet – gibt es unter den Menschen? Und wie oft wird dabei jeder im Zweifelsfall zum Einzelkämpfer? Kennen wir wirkliche Gemeinschaft, die auch im Sturm zusammenhält?

Stelle Dir folgende Frage: Würdest Du Dir selbst, wenn Du Dein Pferd wärst, Dein Leben anvertrauen, so wie Du Dich ihm gegenüber verhältst?

Solltest Du diese Frage nun mit Nein beantworten, ist dies längst kein Grund den Kopf in den Sand zu stecken. Es zeigt Dir lediglich, wo Du noch dazu lernen und Dich weiterentwickeln kannst.

Führung ist eng verknüpft mit Vertrauen. Wer das Vertrauen eines Pferdes hat und dieses nicht missbraucht, der führt.

Doch bevor ich in das Thema des Vertrauens und der Sicherheit weiter eintauchen kann, fühle ich mich verpflichtet doch noch einmal auf das Dominanzdenken genauer einzugehen.

Das Wort Dominanz stammt vom lateinischen „Dominus" ab, was soviel bedeutet wie: Herr oder Herrscher. Und tatsächlich schwingen beim Begriff "Dominanz" oft Gefühle von „beherrschen wollen" oder „kontrollieren wollen" mit. Nur schon deswegen mag ich das Wort der Dominanz nicht.

Natürlich kann man ein Tier beherrschen. Das hat für mich jedoch absolut gar nichts mit Führung oder gar Führungsqualität zu tun. Diktatoren sind bekanntlich auch keine beliebten Anführer.

Gewalt – psychisch und/oder physisch – führt dazu, dass ein Tier resigniert, also innerlich aufgibt und einfach nur noch zu funktionieren beginnt. Oder aber sich zur Wehr setzt und kämpft. Wobei der Kampf für das sanfte, defensive Wesen des Pferdes meist nicht erstes Mittel der Wahl ist. Pferde sind sehr viel häufiger stille Leider, als aktive Kämpfer.

Fast alle Pferde, die irgendwoher den Stempel „dominant" aufgedrückt bekommen, sind einfach nur Pferde, die zeigen möchten, dass etwas nicht stimmt! Die Lösung liegt immer darin das, was nicht stimmt, zu finden, zu erkennen und zu verändern. Das beginnt bei der Haltung und endet im Umgang mit dem Pferd.

Sind wir doch mal ehrlich. Selbst Menschen beginnen unter einem Terror-Regime irgendwann zu resignieren. Der Kampf gegen die Terrorherrschaft wird auf Dauer zu anstrengend, man gibt irgendwann einfach auf. Deswegen kann ich nicht oft genug sagen, wie wichtig es ist hinter die Fassaden zu blicken. Nicht das, was ein Pferd leistet, ist ausschlaggebend, sondern das WIE.

Macht es seine Arbeit motiviert und freiwillig? Oder leistet es einfach wie ein Zinnsoldat seine Arbeit und spult ab, was es zeigen soll?

Nochmal: Es ist keine Kunst ein Tier zu beherrschen. Es ist aber eine Kunst, es zu führen und es zu einem Verbündeten, einem Partner, einem Freund zu machen!

Da ich ein Mensch bin, der den Blick lieber dem Positiven zuwendet und dieses zu vermehren versucht, statt ständig den Fokus auf dem Negativen zu haben, möchte ich mich an dieser Stelle auch lieber einem tieferen Verständnis von positiver Führung, Sicherheit und Vertrauensgewinnung widmen als dem negativen Bild der Beherrschung.

Wie bereits erwähnt, fragt das Pferd stetig nach Sicherheit. Es folgt demjenigen, dem es vertraut. Es beruhigt sich, wenn es vertraut. Es bleibt neugierig, wenn es vertraut. Und vor allem: Es bringt sich selbst mit ein, wenn es vertraut.

Wir Menschen wissen aus unseren eigenen Beziehungen, dass Vertrauen etwas hoch Fragiles ist und man sich Vertrauen oftmals zuerst verdienen muss. Wir wissen auch, wie schnell Vertrauen zerbrechen kann oder verloren geht. Vertrauen ist wie eine zarte Rose, die man ständig hegen und pflegen muss, damit sie gedeiht und prachtvoll erblüht. Ist man zu grob mit ihr oder vernachlässigt ihre Pflege, verwelkt sie schnell.

Das ist bei Pferden und Menschen nicht anders. Natürlich gibt es auch hier unterschiedliche Charaktere. Manche Pferde vertrauen dem Menschen schneller und einfacher. Andere wiederum brauchen etwas länger Zeit. Unabhängig von den unterschiedlichen Persönlichkeiten kommt es natürlich auch darauf an, was ein Pferd in seinem Leben bisher „rund um den Menschen" erlebt und erfahren hat.

Ein Pferd, das das Vertrauen in den Menschen einmal (zu Recht) veloren hat, wird sich schwerer tun sich einem Menschen erneut gänzlich hinzugeben, als Eines, das noch nie schlechte Erfahrungen mit dem Menschen machen musste.

Im Rahmen des Themas Führung wird immer wieder davon gesprochen, dass Pferde „testen". Für mich hat diese Aussage oft einen bitteren Nachgeschmack. Da der Mensch dieses Testen eben meistens auch sehr persönlich nimmt und daher falsch wertet.

Für mich ist es selbstverständlich, dass meine Pferde immer mal wieder fragen: „Kann ich Dir noch vertrauen? Bist Du (heute) fähig mich zu führen? Wo sind meine Grenzen? Und wo sind Deine Grenzen? Gelten gewisse Regeln auch heute noch?"

Es könnte ja auch sein, dass ich selbst grade nicht fähig genug bin zu führen, nicht stabil genug dafür bin, weil ich vielleicht einen schlechten Tag hatte oder einfach etwas angeschlagen bin. Es könnte aber auch sein, dass ich mich oder meine Meinung verändert habe – im Positiven, wie im Negativen. Oder, dass Grenzen neu gelegt wurden. Oder, dass ich mit einer Situation überfordert bin. Woher sol das Pferd das denn alles einfach so wissen, ohne es herauszufinden oder zu überprüfen?

Der grösste Fehler, der in diesem Zusammenhang leider immer wieder passiert, ist der, dass der Mensch diese Fragen des Pferdes allzu persönlich nimmt. Er fühlt sich angegriffen, untergraben, hinterfragt und kämpft – letzten Endes – durch den Spiegel des Pferdes lediglich mit seinen eigenen Dämonen. Den Dämonen des Selbstzweifels, des mangelnden Selbstwertgefühls und der fehlenden Selbstliebe.

Aber ich möchte nochmal festhalten: Für das Pferd geht es bei diesen Fragen nur um sein Überleben und um das Erfahren der Rahmenbedingungen.

Das Pferd bewertet Dich nicht als Menschen, so wie es andere Menschen mit Dir tun. Es stellt sicherlich fest, ob Du Führungsqualitäten hast oder nicht oder ob Du einer Situation gewachsen bist oder nicht. Es stellt auch fest, welche Stärken und Schwächen Du hast. Aber es bewertet Dich dabei nicht! Für das Pferd ist dies eine absolut sachliche und pragmatische Angelegenheit. Erst der Mensch lässt es zu etwas Persönlichem verkommen.

Wenn Du das Gefühl hast, dass Dein Pferd Dich auf persönlicher Ebene angreift, hinterfragt oder untergräbt, dann solltest Du vielleicht Deinen Blick von Deinem Pferd abwenden und ihn stattdessen Dir selbst zuwenden. Und all die verletzten Gefühle in Dir erkennen, die das Pferd durch sein Verhalten in Dir ausgelöst bzw. getriggert hat. Es drückt damit womöglich lediglich die richtigen Knöpfe, die Du für Dein Erkennen und Erwachen benötigst.

Führung ist nicht etwas, das man irgendwann einmal einfach so bekommt und dann bis zum Ende behält. Natürlich gibt es Menschen, die natürlicherweise mehr Führungsqualitäten mitbringen als Andere. Ich denke das ist auch normal, denn wir sind alle verschieden und jeder hat andere Qualitäten und Stärken. Dennoch kann in meinen Augen jeder lernen und verinnerlichen, was Führung bedeutet. Im Sinne einer Führung des Herzens in einem respektvollen Miteinander.

Führen kann nur, wer geistig und körperlich dazu auch in der Lage ist – und dies ist etwas, was nunmal situativ veränderlich ist. Die Pferde wissen das und fragen deshalb, wie vorhin bereits aufgezeigt, auch gerne mal nach. Sie möchten herausfinden, wo Du gerade stehst – in jeder einzelnen Situation! Ohne

Dich dabei persönlich zu bewerten. Es geht also nicht darum besser oder schlechter zu sein, sondern nur darum, ob Du der jeweiligen Situation gewachsen bist oder nicht. Mit „gut und schlecht" hat das aus pferdischer Sicht wenig zu tun.

Ganz ehrlich? Kein Pferd verübelt uns unsere menschlichen Schwächen und Defizite. Sie sehen uns sehr klar und wissen um unsere Fehlbarkeit. Womit sie aber ganz und gar nicht umgehen können, sind Menschen, deren Schwäche sie spüren, die aber ständig versuchen nach Aussen hin etwas völlig Anderes darzustellen.

Pferde schätzen Authentizität! Widersprüchliche Menschen können sie nicht verstehen.

Und mal ganz ehrlich, auch Du würdest niemandem die Führung über Dich einfach so ein Leben lang bedingungslos und blindlings schenken. Oder?

Vielleicht fragst Du Dich jetzt: Wie kann man denn nun führen?

Und ich frage Dich: Wie würdest Du denn gerne geführt werden?

Die Antwort auf die erste Frage findet man nämlich recht schnell, wenn man sich einmal selbst überlegt, wem man sein Leben gerne (!) und freiwillig (!) anvertrauen würde und welche Art von „Chef" – oder eben Partner – man bevorzugen würde.

Ist es die Person, die Dich ständig korrigiert, auf Dir herumhackt und nur immer zeigt, was Du alles falsch machst? Die dir klar vorgibt, was Du tun darfst und was nicht? Die Dir engmaschige Grenzen absteckt und Dich einschränkt? Die Dir gegenüber womöglich sogar gewaltsam wird? Die dir womöglich sogar psychische und/oder körperliche Schmerzen zufügt?

Oder ist es viel mehr die Person, die Dich fordert und fördert. Dich so akzeptiert und annimmt, wie Du bist – mit all Deinen Stärken und Schwächen. Die Deine Stärken fördert und Dir hilft über Deine Schwächen hinauszuwachsen? Die Dir zwar auch Grenzen und Regeln aufzeigt, aber genauso auch Freiraum schenkt? Die Dich Deine eigenen Erfahrungen machen lässt und Dir trotzdem bei Seite steht, wenn Du Hilfe benötigst?

Ich behaupte jeder Mensch spürt irgendwo tief in seinem Inneren, was für eine Person er sich selbst als Begleiter – ich spreche bewusst nicht von einem Anführer – wünschen würde.

Klarheit, Regeln und Grenzen sind wichtige Bestandteile im Zusammenleben in einer Gruppe. Aber deswegen noch lange nicht dauerhaft gültige Rahmenbedingungen. Dafür ist das Leben selbst viel zu veränderlich.

Aber Regeln und Grenzen sind deshalb wichtig, weil ansonsten im gemeinsamen Zusammenleben allzu schnell Chaos herrschen würde. Und Chaos bietet einfach keinen Raum für Sicherheit oder Entspannung.

Ein einfach verständliches Beispiel: Unser Strassenverkehr. Gäbe es dort keine klaren Verhaltensregeln, hätten wir ein tödliches Chaos auf unseren Strassen. Aber wir alle wissen auch, dass zu viele Regelungen ebenfalls ins Unglück führen können oder mehr Verwirrung anrichten als Klarheit.

Im Zusammenleben mit dem Menschen müssen dem Pferd gegenseitige Verhaltensregeln erst aufgezeigt, erklärt und anschliessend gefördert werden (= Erziehung). Woher soll das Pferd denn wissen, dass es den Menschen nicht anrempeln darf? Natürlich hat es in seiner Herde gelernt, dass es andere Pferde nicht einfach anrempeln darf. Aber weshalb sollte es das denn direkt auf den Menschen adaptieren?

Es ist Aufgabe des Menschen klare Verhaltensregeln im Zusammensein aufzustellen und diese auch umzusetzen. Zuvor muss er sie aber auch dementsprechend kommunizieren.

Aber… und jetzt wird es bereits etwas komplizierter: Der Mensch muss lernen zu unterscheiden, wann ein Pferd vorsätzlich Grenzen überschreitet und wann es vielleicht einfach nur etwas mitzuteilen versucht. Und er muss wissen, ob das Pferd die Grenze kannte bzw. kennen konnte oder eben nicht. Das Pferd muss

eine Chance erhalten, lernen zu können, was angebracht ist und was nicht.

Und an diesem Punkt wird erneut verständlich,
weshalb es keine Pauschalantworten geben kann und
weshalb die Entwicklung eines feinen Gespürs für die
unterschiedlichen Situationen für ein harmonisches
Zusammenleben mit dem Partner Pferd unumgänglich ist.

Man muss unterscheiden können, ob das Pferd
etwas gerade nicht besser bzw. anders KANN oder ob
es nicht WILL.

Das ist – so ganz nebenbei erwähnt – bei Kindern
das Gleiche. Und es ist die am schwierigsten zu be-
antwortende Frage überhaupt. Denn nicht immer ist
klar, ob es sich um „kann nicht" oder „will nicht"
handelt.

Diese Frage ist eine der Grundfragen, die wir uns
regelmässig im Umgang mit Pferden stellen müssen.
Denn wenn das Pferd etwas nicht kann, dann müssen
wir ganz anders darauf reagieren, als wenn es etwas
nicht will. Irgendwie einleuchtend, oder nicht?

Es ist doch bei uns genauso. Wenn wir in einer Situation einfach nicht besser/anders reagieren können, dann sind wir dankbar und gewinnen an Vertrauen, wenn uns jemand an der Hand nimmt und
durch die beängstigende, blockierende Situation hindurch führt. Uns Mut macht und uns Zeit gibt uns in

unserem eigenen Tempo mit der Sache auseinander zu setzen und letzten Endes daran zu wachsen.

Würden wir hierbei zu sehr unter Druck zu etwas gezwungen werden, würden wir uns elend fühlen und die gewünschte Reaktion oder Leistung vermutlich gar nicht zeigen können. Und vor allem würden wir dann dabei bzw. daraus nichts lernen können. Unseren Pferden geht es genauso.

Wenn wir aber im anderen Fall etwas nicht tun wollen, was wir jedoch tun müssten und auch tun könnten, dann kann es durchaus auch mal sinnvoll sein, wenn wir dazu „angeschubst" werden. Nicht damit irgendwer seinen eigenen Willen über uns durchsetzen kann oder um seine Macht uns gegenüber zu demonstrieren. Sondern weil es in einer Gemeinschaft einfach gewisse Grenzen und Regeln gibt, an die sich alle halten müssen. In jedem Miteinander gibt man immer auch ein Stück an Individualität auf um dafür aber im Gegenzug die Vorteile der Gruppe geniessen zu können.

Die Natur ist hierbei sehr pragmatisch unterwegs, wer sich nicht an gewisse Regeln innerhalb einer Gruppe hält, bekommt unmittelbar die Konsequenzen seines Handelns zu spüren. Das kann sogar zum Verweis aus der Gruppe führen. Doch dies ist sicherlich wieder ein sehr extremes Beispiel. Und das Leben spielt sich nicht in Extremen, sondern eher in den dazwischenliegenden Grauzonen, ab.

Wenn ein Pferd also nicht will aber kann, dann kann es durchaus seine Berechtigung haben dem Pferd klar zu machen, dass es nun doch tatsächlich auch muss. Ich möchte versuchen diesen Zusammenhang im nächsten Kapitel etwas genauer herauszuarbeiten.

Klarheit, Konsequenz & Druck

In der heutigen Zeit geht der Trend – zum Glück – immer mehr in Richtung gewaltfreie Kommunikation. Aber ich sehe darin durchaus auch eine gewisse aufkommende Problematik.

Denn manchmal scheint es, als ob die Menschen von einem Extrem (Gewalt, Druck, Beherrschung) nun in ein anderes Extrem verfallen (keine Führung, „laisser-faire"-Stil, völlige Druckfreiheit).

Für mich liegt der wahrhaftige Weg jedoch nicht in einem Extrem, sondern in der Mitte. Also irgendwo dazwischen. Ich glaube auch nicht, dass es sich dabei um einen starren oder genau definierten Mittelweg handelt. Sondern ich trage viel mehr das Bild eines Pendels in mir, das über einer Mitte hin und her schwingt. Mal ist es mehr rechts von der Mitte, mal mehr links, usw. Aber es bewegt sich immer über die Mitte hinweg.

Wäre der Mittelweg so eng eingerahmt und klar definiert, wäre er ja wieder ein deutliches Extrem bzw. würde wenig Spielraum lassen für Freiheit. Mein Bild eines Mittelweges ist also etwas sehr Bewegliches und nichts Statisches. Es geht auch hier wieder eher um eine Tendenz, als um einen klar definierten Rahmen.

Ich bin froh, dass der Mensch immer mehr erkennt, dass er mit Gewalt und beherrschen wollen niemals das Vertrauen eines Tieres gewinnen kann und es immer mehr Menschen gibt, die deshalb einen anderen Weg suchen oder einschlagen. Wir müssen uns jedoch im Klaren darüber sein, dass Klarheit und Konsequenz nicht mit Gewalt und Beherrschung gleichgesetzt werden können. Doch genau das wird heutzutage sehr schnell gemacht.

Gewalt und Beherrschung können sowohl auf der psychischen als auch physischen Ebene stattfinden. Beides versuche ich bei der Arbeit mit Pferden bewusst zu vermeiden. Aber völlige Druckfreiheit ist in meinen Augen eine Illusion und ausserdem ein Irrweg.

Ich glaube, dass sich ein gewisser Druck manchmal gar nicht vermeiden lässt und es auch gar nicht darum geht Druck komplett zu vermeiden oder aus dem Weg zu räumen. Denn auch die Natur kennt Druck. Wenn beispielsweise ganze Weideflächen durch ein Buschfeuer abgebrannt werden, dann spüren die Pferde Druck. Wenn zwei Hengste miteinander um eine Stutenherde kämpfen, spüren sie Druck. Wenn ein Pferd gegen die Regeln der Gruppe verstösst, spürt es Druck, usw.

Schnell wird hoffentlich klar, dass es also nicht darum gehen kann, den Druck komplett zu entfernen. Denn damit würden wir uns nur erneut entnatürlichen. Denn Druck gehört zur Natur. Und somit ist Druck an sich auch gar nicht das Problem. Viel mehr geht es einmal mehr um die Qualität des Drucks. Also wieder um die Frage des WIE.

Wir müssen unbedingt lernen zu unterscheiden und aufhören zu pauschalisieren. Denn Druck zeigt sich in gänzlich unterschiedlichen Nuancen, Facetten und Situationen. Und Druck ist auch nicht automatisch dasselbe wie Gewalt oder Beherrschung. Es gibt ganz klare Unterschiede!

Für mich liegen die Unterschiede – wie könnte es anders sein – im damit verbundenen Gefühl. Gewalt und Beherrschung haben eine ganz andere Schwingung als natürlicher Druck. Auch die Natur mag für manchen oftmals grausam erscheinen. Sie ist es jedoch nicht. Denn sie handelt pragmatisch und ohne Bewertungen und ohne mitschwingende Gefühle.

Pferde müssen tatsächlich manchmal auch einfach durch gewisse Situationen hindurch. Manchmal müssen sie sich auch tatsächlich einfach benehmen. Und manchmal da schicke ich sie sogar bewusst durch angespannte Situationen hindurch, weil ich weiss, dass sie es meistern können und danach mit gestärktem Selbstbewusstsein dastehen werden. Aber eben, all dies kommt situativ vor und entspricht keinem Dauerzustand. Druck ist nicht mein Grundgedanke, nicht mein Leitprinzip. Aber etwas, was sich manchmal nicht vermeiden lässt und auch nicht ständig vermieden werden muss.

Wenn wir versuchen unseren Pferden vollkommen druckfrei zu begegnen, dann sind wir ihnen genauso fern, wie wenn wir uns im anderen Extrem des Beherrschenwollens befinden. Beide Extreme sind für Pferde unnatürlich und unverständlich.

Des Weiteren gibt es so viele unterschiedliche Formen von Druck. So viele Nuancen, dass ich nicht einfach pauschal sagen kann, dass Druck gut oder schlecht ist. Es kommt auf die Umstände bzw. die Gesamtsituation an, auf das WIE und auch das WARUM. Aber ganz besonders kommt es auch darauf an, wie eine druckvolle Situation am Ende aufgelöst bzw. beendet wird. Es ist und bleibt also hoch komplex.

Ich werde oft gefragt, wie man als Pferdebesitzer mit dieser oder jener Situation umgehen soll. Und meine Antwort darauf lautet tatsächlich fast immer (ein bisschen zum Leidwesen des Fragenden): „Es kommt darauf an."
Und das tut es eben tatsächlich...

Ich möchte kurz nochmal festhalten: Völlige Druckfreiheit ist illusorisch und auch nicht natürlich. Ich bin der Überzeugung, dass auch Druck zur Natur gehört. Auch untereinander weisen sich die Pferde durchaus mal gegenseitig in die Schranken und dabei gehen sie oftmals auch so überhaupt nicht zimperlich miteinander um.

Das WIE entscheidet also darüber, ob etwas gut oder schlecht, richtig oder falsch, passend oder unpassend ist.

Es ist nicht falsch dem Pferd gegenüber auch mal klare Ansagen zu machen. Im Gegenteil, die meisten Pferde schätzen, wie bereits erwähnt, Klarheit. Aber es geht um die der Handlung zugrundeliegende Emotion, die den Unterschied macht. Eine klare Korrektur muss daher immer sinnvoll begründet (das Pferd muss den Zusammenhang verstehen können) und absolut emotionslos und somit sachlich sein.

Ich behaupte: Wo Wissen aufhört, fängt Gewalt oft an. Dies ist eine traurige Tatsache, denn in der Hilflosigkeit des „nicht mehr weiter Wissens" wird der Mensch schnell gewaltsam und grob. Meist kommt dann noch die Emotionalität hinzu, das Gefühl der Hilflosigkeit, die Frustration und manchmal auch Aggression, weil man nicht mehr weiter weiss.

Im anderen Extrem tut so mancher Pferdebesitzer seinem Pferd aber auch keinen Gefallen, wenn er ständig nur mit „rosa Wattebäuschchen" um sich schmeisst. Diese Form der verniedlichten Pferdeliebe ist etwa genauso verkehrt wie eine beherrschenwollende Variante. Wenngleich die Auswirkungen vermutlich weniger dramatisch sind. Aber trotzdem wird ein Pferd nicht glücklich(er), wenn der Mensch keine Klarheit oder Konsequenz aufzeigt und dem Pferd nahezu alles erlaubt, weil er unbedingt Druck völlig vermeiden will.

Wir sollten uns davor hüten unsere Pferde mit unserer eigenen allzu menschlichen Wahrnehmung zu betrachten. Pferde haben andere Bedürfnisse als wir Menschen. Und solange jemand dem Pferd nur mit der Brille seiner eigenen Lebens–, ja ich möchte sogar sagen, Gefühlsbedürfnisse begegnet, wird er ihm nicht gerecht. Denn dabei wird dem Pferd erneut der Mantel des Menschen umgestülpt. Wenn gleich in einer zuckersüssen, rosa Variante.

Wir müssen auf der Lauer sein, dass wir unsere eigenen Wünsche und Bedürfnisse frühzeitig enttarnen und nicht auf unsere Pferde übertragen bzw. projizieren. Natürlich haben auch unsere Pferde das Bedürfnis nach Zuneigung, nach Liebe, nach Körperkontakt. Aber ich glaube, dass viele Menschen das Thema der „Liebe" an sich schon falsch definieren oder eine komische Vorstellung von Liebe haben. Was dann den Pferden eben tatsächlich auch nicht wirklich dienlich ist.

Ich gehe sogar soweit, dass ich behaupte, dass die Bedürfnisse tief im Kern eben gar nicht so unterschiedlich wären zwischen Pferd und Mensch. Beide suchen nach Bindung, nach Zugehörigkeit, nach (bedingungsloser) Liebe und gegenseitiger Wertschätzung und Achtung und nach einer gewissen Ordnung und Struktur. Aber weil wir Menschen uns von unserer ursprünglichen Natur, unserem ursprünglichen Sein, so weit entfernt haben, ist unsere Vorstellung davon irgendwie verzerrt. Wir suchen allzu oft nach einer Form der Liebe, die mit der wahren Liebe an sich nur wenig zu tun hat.

Wenn der Mensch ein fälschliches Bild von Liebe in sich trägt, kann er auch dem Pferd keine natürliche Form der Liebe entgegen bringen. Auch in diesem Thema erinnern und triggern uns die Pferde oftmals in unseren eigenen Verletzungen und Verzerrungen.

Die Frage, was denn nun Liebe wirklich ist, würde den Rahmen dieses Buches sprengen und ich bin ja am Anfang des Buches kurz auch auf das Thema der Beziehungen und die darin vorhandenen Verstrickungen eingegangen. Daher möchte ich Dich jetzt viel lieber dazu einladen für Dich selbst heraus zu finden, welche Vorstellungen DU von Liebe in Dir trägst.

Frage Dich: Was ist Liebe für mich? Wie definiere ich Liebe?

Im Umkehrschluss lohnt es sich auch zu fragen: Was bedeutet Druck für mich? Was für eine Einstellung habe ich selbst gegenüber Druck? Wann komme ich mit Druck klar, wann eher nicht? Spüre ich den Unterschied zwischen natürlichem – sachlichem – Druck und emotional aufgeladenem Druck?

Ich hoffe, dass ich ein wenig verständlich machen konnte, dass es für das Pferd keine Form von Liebe ist, wenn ich ihm alle Möglichkeiten und Entscheidungen überlasse und es mit falsch gemeinter Freiheit überschütte. Ganz im Gegenteil, so eine Einstellung kann für das Pferd sehr fatal werden. Denn in dieser Form geht jegliche Führung verloren. Und das kann für das Pferd absoluten Stress bedeuten! So wird die Idee der Gemeinschaft schnell zur Belastung.

Ich möchte ehrlich sein. Auch ich hatte früher ein falsches Bild von Liebe im Allgemeinen und von Pferdeliebe im Spezifischen. Die Pferde haben mir aber gezeigt, was eine gesunde Form der Pferdeliebe ist. Sie haben mir gezeigt, dass sie oft andere Bedürfnisse haben, als wir Menschen es in einer ähnlichen Situation hätten. Aber auch, dass Klarheit, Konsequenz, (berechtigter/sachlicher) Druck, Regeln und Grenzen genauso zu einer liebenden Beziehung gehören. Und sie haben mir gezeigt, wie ich all diese Aspekte für mich in Einklang bringen kann. In eine Lebenseinstellung, in der sich diese Dinge nicht gegenseitig widersprechen, sondern Teile eines vielschichtigen Gesamtkonstrukts sind.

Auch hier ist es mir ein Anliegen Dir keine Definition von dem, was ich in mir trage, zu geben. Denn die Gefahr, dass Du es für bare Münze halten und einfach übernehmen würdest, ist viel zu gross. Und damit wären wir wieder genau da, wo ich nicht hin möchte.

Viel mehr möchte ich Dich einladen noch einmal selbst zu spüren und in Dich hinein zu horchen. Finde heraus, was für DICH stimmig ist und LEBE es. Und wie ich, wirst auch Du auf der Suche nach Antworten noch so manches Mal Deine Meinung wieder ändern und Dein inneres Bild wieder umgestalten. Denn das ist das Leben. Irgendwo ankommen werden wir erst mit dem Tod – zumindest auf körperlicher Ebene...

Zurück zu Klarheit und Konsequenz. Klarheit und Konsequenz machen uns berechenbar und somit einschätzbar für das Gegenüber. Das bringt allen Beteiligten sehr viel Entspannung. Ich für mich habe jedoch noch nie verstanden, weshalb viele Konsequenz damit gleichsetzen „immer gleich zu reagieren/handeln". Diese Aussage ist so sehr an's Aussen geknüpft. Für mich ist Konsequenz aber eine Form einer inneren Einstellung. Es geht um ein klares inneres Bild darüber, was ich möchte und was nicht. Darüber, was ich toleriere und was nicht. Es ist eine innere Klarheit, die in der Folge konsequentes Verhalten im Aussen mit sich bringt.

Ich habe ganz klare Vorstellungen davor, was ein Pferd in meiner Gegenwart soll bzw. darf und was nicht. Trotzdem reagiere ich deshalb nicht zwingend in jeder Situation oder bei jedem Pferd genau gleich. Kurzum: Auch wenn mein inneres Bild klar ist, muss die Handlung im Aussen deshalb nicht immer dieselbe sein.

„Wenn zwei dasselbe tun, ist es eben doch nicht dasselbe". Ich glaube dieses Sprichwort verdeutlicht auf einfache Art und Weise, was ich meine.

Nicht jedes Pferd benötigt dieselbe Klarheit und Konsequenz. Ich kenne Pferde, die absolute bzw.

strikte, beinahe rigorose Konsequenz und einen sehr engmaschigen Führungsstil benötigen. Das sind oftmals die für den Menschen schwierigsten Pferde. Da sie nebst Konsequenz und absoluter Klarheit auch konstante Aufmerksamkeit und Bewusstheit vom Menschen verlangen – nicht nur wünschen oder erhoffen, sondern ganz klar und deutlich verlangen. Etwas, was wirklich sehr anspruchsvoll ist.

Anderen Pferde kann man mit einem weniger konsequenten und einem viel lockereren Führungsstil begegnen. So wird nun hoffentlich schnell klar: Es ist das Wesen des Pferdes, das den Weg vorgibt!

Denn dasselbe Verhalten kann in unterschiedlichen Situationen und Konstellationen auch wieder unterschiedliche Bedeutungen, Hintergründe und Zusammenhänge haben. Pferde leben nunmal im Hier und Jetzt. Deshalb müssen wir auch lernen im Hier und Jetzt situativ zu reagieren und zu spüren, was gerade passiert und worum es gerade geht. Der Ursprung bzw. Hintergrund eines Verhaltens bestimmt die Reaktion.

Zusammengefasst kann man vielleicht sagen: Konsequenz und Klarheit sind wichtig im Umgang mit dem Pferd. Dabei geht es jedoch viel mehr um die Etablierung einer inneren Klarheit, einer inneren Konsequenz, aus der heraus das Verhalten im Aussen entspringt. Denn wer klar ist, wird berechenbar. Und einem berechenbaren Wesen ist es einfacher zu ver-

trauen. Im Übrigen wirkt ein geklärter Geist sehr be-
ruhigend auf Andere.

Gleichzeitig muss man aber auch die Fähigkeit
besitzen sich empathisch auf das Gegenüber, die
aktuelle Situation und Gegebenheit einlassen zu können und situative Entscheidungen zu ermöglichen.

Erwartungen

Erwartungen können dazu führen, dass sich eine undurchdringliche Mauer zwischen Pferd und Mensch schiebt.

Es ist wichtig Erwartungen von klaren Vorstellungen deutlich zu trennen. Denn Erwartungen führen allzu schnell zu Enttäuschungen, weil man ja – wie das Wort schon sagt – auf etwas wartet und es sich nicht nur vorstellt. Und vor allem führen Erwartungen zu aufkommendem, unbewusstem und nicht dienlichem Druck.

Man darf durchaus hohe Ansprüche oder hoch gesteckte Ziele und Visionen in sich tragen. Sollte jedoch immer mit wenig zufrieden sein können. Wenn wir zu sehr an unseren fixierten Vorstellungen anhaften oder gar darauf beharren, dann verpassen wir die vielen Geschenke, die auf dem Weg dorthin auf uns warten.

Ich finde es sehr wichtig, dass man Visionen, Ziele und auch Pläne hat. Denn das hilft dabei eine klare Vorstellung davon zu haben, was man wann mit dem Pferd macht. Ziele und Visionen können uns dabei helfen, einen Weg klarer zu sehen. Aber man sollte jederzeit bereit sein sich dem anzupassen, was sich einem zeigt und bereit sein die Ideen wieder über den Haufen zu schmeissen, wenn es das Leben verlangt.

Frei nach dem Motto: Erhoffe viel, aber sei mit wenig zufrieden.

Vielfach haben Menschen Angst davor nicht anzukommen oder sich zu verlieren, wenn sie keine klaren und genauesten Vorstellungen von ihren Zielen haben. Ich habe durch die Pferde aber gelernt, dass man viel eher bei seinen Zielen ankommt, wenn man diese zwischendurch auch mal loslässt. Es ist dann so, als ob man einfach dem Lauf des Flusses vertraut und sich führen lässt. Diese Einstellung zu Pferden – und nicht zuletzt dem gesamten Leben – hat viel mit Hingabe zu tun und auch wieder mit Vertrauen. Ohne Vertrauen, beginnt man umso mehr festzuhalten, zu steuern und kontrollieren zu wollen. Und ohne Hingabe, kann man sich nicht dem hingeben, was gerade ist. Und das führt unweigerlich früher oder später zu Blockaden oder Frustrationen, bei Mensch und Pferd.

Bei allen Ambitionen und Visionen sollte das Wohl des Pferdes dennoch immer an oberster Stelle stehen. Verfolgen wir lediglich unsere eigenen Wünsche und Ziele, so geht dies schnell zu Lasten des Pferdes. Ich möchte noch einmal daran erinnern, dass Pferde fühlende Wesen sind und keine Sportobjekte oder gar Maschinen.

Nicht immer ist ein Einwand seitens der Pferde komplett gegen den eingeschlagenen Weg oder das angestrebte Ziel gedacht. Aber manchmal zeigen sie uns, dass wir vielleicht eine falsche Abzweigung erwischt haben, grade zu viel wollten oder einfach auf einem rein egoistischen Pfad trampelten.

Meine Pferde haben mich schon so manches Mal darauf hingewiesen, dass ich „vom Weg abgekommen" bin. Und auch wenn ich dies teils schmerzlich erkennen musste, so war ich doch jedes Mal dankbar um ihren Hinweis. Das durch ihr Verhalten oder ihre Reaktion ausgelöste Innehalten meinerseits führte zu einem Überdenken des aktuellen Weges. Worauf fast immer auch ein erneutes Umdenken folgte. Und dieses Umdenken führte zu neuem Wachstum und – wenn man so will – zu neuen Sphären des Zusammenseins.

Wer sein Pferd oder dessen Leistungen nur zur Schau stellen möchte um im Aussen Bestätigung und Lob zu erhalten, der schiesst am Ziel vorbei. Denn es sind die kleinen und grossen Erfolge innerhalb der Zweisamkeit mit dem Pferd, die unser Herz – und das des Pferdes – zu erfüllen vermögen. Die Wertschätzung und Achtung gegenüber den kleinen Schritten. Gegenüber den individuellen Erfolgen. Solange wir uns mit Anderen messen oder vergleichen – was im Übrigen bei jeder offiziell gerittenen Prüfung geschieht – öffnen wir auch automatisch die Tür für Frustration. Beim Pferd und beim Menschen!

Im Vergleichen liegt nunmal sehr viel Leid begraben. Und auch dies gilt ganz allgemein für unser Leben und beschränkt sich nicht nur auf das Zusammenleben mit unseren Pferden.

Wenn ein Pferd etwas Wichtiges schafft, was es zuvor vielleicht noch nicht konnte. Dann ist das ein Grund zum Feiern! Selbst dann – oder gerade dann – wenn es etwas ist, was für ganz viele andere Pferde ein Klacks ist. Wenn es für dieses eine Pferd eine grossartige Leistung war, dann soll man das entsprechend honorieren!

Den Vergleich zu beenden, bringt uns also in die individuelle Freiheit zurück und löst uns von unseren Erwartungen.

In den kleinen Schritten liegt die grosse Kraft. Viele kleine Schritte führen zu grossartigen Veränderungen. Es sind die einzelnen Backsteine, die das Haus zusammenhalten. Es sind die Details, auf die es ankommt. Wer die kleinen Schritte würdigt, der wird viel ernten und auf stabilem Fundament bauen können. Deshalb ist es auch so wichtig das Pferd bereits im Versuch oder Ansatz zu bestätigen und zu belohnen. Ich muss das Endziel innerlich in viele kleine Abschnitte unterteilen können. Ich muss die Fähigkeit besitzen, zu sehen, wann das Pferd einen Ansatz in die richtige Richtung zeigt – selbst dann, wenn es noch meilenweit weg vom eigentlichen Ziel ist. Dann fährt das Schiff fast von ganz alleine in die richtige Richtung.

Es ist von ungemeiner Wichtigkeit die Details sauber zu erarbeiten. In einer Zeit in der Quantität oftmals vor Qualität geht, fällt dies vielen schwer. Aber, wie ich oft zu sagen pflege: Der Teufel steckt im Detail. Es ist daher besser, sich ausgiebig den Details zu widmen und nicht allzu schnell darüber hinaus zu schiessen. Mag sein, dass man ein prächtiges Haus in kürzester Zeit hochziehen kann – um es mal wieder sinnbildlich zu veranschaulichen. Aber wird es jenes Haus sein, das im Zweifelsfall auch dem Sturm trotzen kann?

In den kleinen Schritten, den ersten Ansätzen und den manchmal zögerlichen ersten Versuchen liegt eine grosse Macht. Um diese jedoch zu erkennen, müssen wir unsere Erwartungen mindern.

Kein Meister ist je vom Himmel gefallen und auch kein Pferd ist direkt bis in die hohe Schule ausgebildet zur Welt gekommen. Es steckt eine riesen Menge Arbeit dahinter ein Pferd korrekt auszubilden. Das Endziel sollte dabei wie ein Leitfaden wirken. Wie ein Grundthema, das über Pferd und Reiter schwebt. Auf dem Weg zum Ziel gibt es aber viele Verzweigungen, Verästelungen und Verwinkelungen. Diese auszukosten lohnt sich. Denn man weiss nie, wohin eine solche Abzweigung womöglich führt.

Auch wenn es manchmal so scheint, als würde man den ursprünglichen Weg verlassen und sich vom Ziel entfernen, so mag diese eine Abzweigung womöglich genau den Schritt beinhalten, der uns letzten

Endes noch näher zu unserem eigentlichen Ziel bringt.

Authentisch sein

Wenn es darum geht wieder selbst spüren und fühlen zu lernen, dann kommt auch das Thema der Authentizität immer näher.

Pferde, wie alle Tiere, sind für mich die allergrössten Lehrmeister, wenn es darum geht, authentisch zu sein. Sie leben im Jetzt. Sie kennen keine Sprache, in der Vergangenheits- oder Zukunftsformen vorkommen. Sie kennen lediglich den jetzigen Moment. Das bedeutet aber nicht, dass Tiere keine Erinnerungen hätten oder nicht auch unter traumatischen Ereignissen aus der Vergangenheit leiden oder zukünftige Ereignisse nicht antizipieren könnten. Ganz im Gegenteil! Tiere können genauso gefangen sein in vergangenen Erlebnissen, wie wir Menschen auch. Aber Tiere grübeln nicht den ganzen Tag darüber nach.

Tiere sind vor allem deshalb authentisch, weil sie keiner Norm oder Gesellschaft gefallen wollen. Sie sind nicht so beeinflusst von äusseren Ansprüchen, wie wir es oftmals sind.

Authentisch kann nur werden, wer sich gänzlich auf den jeweiligen Moment einlässt und dabei alle seine Sinne geschärft und geöffnet hat, um die Essenzen und Facetten des jeweiligen Momentes vollständig wahrzunehmen. Und wer genau weiss, wer er ist, was er ist und weshalb er ist, was er ist.

Kurz noch etwas zur Präsenz im Jetzt: Wenn ich mit meinen Gedanken noch in meinem Job hänge, während mein Pferd eine unsichere Situation durchlebt, dann bin ich nicht bei ihm. Und mein Pferd spürt das. Und dann bin ich automatisch auch nicht authentisch!

Es spürt, dass wir nicht mit unserer vollen Aufmerksamkeit bei ihm im gegenwärtigen Moment sind. Denn Pferde sind höchst sensibel eingestellt auf diese Form der Dysbalance. Sie spüren, wenn der Mensch geistig nicht anwesend ist oder etwas vorgibt zu sein, was er nicht ist.

Authentisch zu sein hat also in meinen Augen sehr viel damit zu tun im jetzigen Moment vollkommen bewusst und präsent zu sein. Es geht aber vor allem auch darum Handlungen und Gefühl zu verbinden. Einheitlich zu sein mit Körper, Geist und Seele. Zu wissen, was man tut und warum man es tut.

In einer Gesellschaft in der immer mehr verlangt und definiert wird, wie etwas zu sein hat oder wie sich jemand zu verhalten hat. Einer Welt, in der vielfach anders geredet, als gehandelt wird, haben wir mehr und mehr verlernt was es heisst, authentisch zu sein.

Wer A sagt und währenddessen aber innerlich B fühlt, ist in den Augen eines Pferdes schlicht nicht authentisch.

Wenn ich versuche „klar und deutlich" zu sein, in meinem Inneren dabei aber unsicher und unklar bin, dann nimmt das Pferd primär das darunter verborgene Gefühl wahr: Die vorhandene Unsicherheit bzw. Unklarheit. Das Gleiche gilt für Verhalten, das sich innerlich für mich eigentlich unstimmig anfühlt, ich aber dennoch nach Aussen hin zeige, weil ich glaube mich so verhalten zu müssen. Da wären wir dann bei den Verhaltensansprüchen der Aussenwelt, die wir teils ohne zu hinterfragen einfach übernehmen.

Pferde konzentrieren sich aber sehr viel mehr auf die vorhandene Energie bzw. Ausstrahlung und weniger auf das, was man äusserlich tut bzw. zeigt. Sie entlarven unsere (unbewusst übernommenen) Masken und konfrontieren uns damit.

Damit, dass Pferde das, was darunter verborgen liegt, erkennen, erkläre ich mir auch, weshalb dasselbe Pferd unterschiedlich auf verschiedene Personen reagiert, obwohl diese womöglich vom Verhalten her, also im Aussen, dasselbe tun.

Wir erinnern uns: Wenn zwei dasselbe tun, ist es eben doch nicht dasselbe.

Ich erlebe das oft bei meiner Arbeit. Kaum nehme ich das Kundenpferd an die Hand und beginne mit ihm zu arbeiten, verändert es sich in seinem Verhalten. Das liegt aber nun nicht unbedingt nur daran, dass ich vielleicht genauer weiss, was ich tue oder entsprechende Erfahrungen in meinem Rucksack habe. Vielfach hängt es tatsächlich einfach damit zusammen, dass ich gelernt habe, mich auf den „Flow" der Pferde einzustellen. Dieses Gefühl, diese innere Haltung, kommt beim Pferd direkt an, unabhängig davon WAS ich genau tue oder welche Technik ich anwende.

Es ist dieses Gefühl der Verbundenheit, der Präsenz und der Bewusstheit und bestimmt auch meine durch Erfahrungen erworbene Sicherheit, die sie spüren und dem die meisten Pferde bereitwillig folgen. Ich glaube ja oft, dass die Pferde dann antworten: „Endlich jemand, der mir mal zuhört und sich auf mich einstimmt."

Es liegt in meinem Grundbedürfnis mich mit ihnen zu verbinden. Einzutauchen in ihre Welt und mich ihrer Energie anzupassen. Ich liebe diese Energie der Klarheit, Bewusstheit und Präsenz. Es sind diese Momente, in denen ich alles um mich herum vergesse und Zeit keine Rolle mehr spielt. Es sind diese Momente in denen es nur noch das Pferd und mich gibt und alles was war oder sein wird keine Rolle mehr spielt. In diesen Momenten fühle ich mich einfach: Zuhause. Das meine ich mit Flow.

Ich glaube, dass jeder diesen Flow entdecken und kultivieren kann. Man muss sich dafür nur öffnen und innerlich ausrichten. Man muss zulassen, dass die Pferde einem verzaubern und einem in ihre Welt der Natürlichkeit, Präsenz und Klarheit einladen. Ganz bei sich und ganz beim Pferd.

Tatsache ist, sich darauf einzulassen verändert nicht nur den Umgang mit Deinem Pferd, sondern auch Dein gesamtes Leben! Bei mir war und ist es jedenfalls so ☺

Doch zurück zur Authentizität. Authentisch ist, wer mit Körper, Geist und Seele im Einklang ist. Und wer meint, was er sagt und tut, was er sagt.

Dazu gehört auch, dass er mit dem Körper die Handlung vollzieht bzw. ausstrahlt, die er in seinem Inneren fühlt. Wer sich unsicher fühlt, aber dennoch klar aufzutreten versucht, wird von den Pferden direkt entlarvt und enttarnt. Wie gesagt, Pferde nehmen das, was darunter liegt, wahr. Weniger das, was ein Mensch tut, geschweige denn das, was er sagt. Denn unsere Sprache hat für sie ohnehin keine direkte Bedeutung (auch wenn sie unsere Mitteilungen durchaus verstehen können und wir im Gegenzug die Sprache auch zur Konditionierung nutzen können. Aber dies ist ein anderes Thema.)

Im Umgang mit anderen Menschen mag es funktionieren, dass wir Masken tragen und uns anders geben, als wir eigentlich sind. Aber Pferde durchschauen uns – manchmal sogar mehr als uns lieb ist.

Sie fordern uns dann umso energischer dazu auf authentisch zu werden. Uns also zu fragen, wer wir wirklich sind und wer wir wirklich sein wollen. Sie fordern uns dazu auf uns unserer gegenwärtigen Gefühle bewusst zu werden und mit diesen aktiv zu arbeiten.

Natürlich kann es helfen sich klar zu zeigen, auch wenn man innerlich noch unsicher ist. Manchmal gehört dies auch zum eigenen Lern- & Entwicklungsprozess. Das ist dann ein wenig wie Theater spielen. Man nimmt eine Rolle ein, die man noch nicht kennt, aber versucht sich der Rolle entsprechend zu verhalten. Und so kann man neue Gefühle und Ausstrahlungen entwickeln und zu übernehmen beginnen. Aber langfristig wird es nicht funktionieren, wenn wir dazu nicht auch dieses Gefühl der Sicherheit in unserem Inneren heranwachsen und entstehen lassen. Sich im Aussen anders zu verhalten, kann lediglich ein Einstieg in ein neues Verhalten bzw. Verhaltensmuster für uns selbst sein. Aber damit dies authentisch wird, kommen wir nicht darum herum das alte Verhalten auch tatsächlich abzulegen, hinter uns zu lassen und das Neue zu etablieren.

Wenn wir nur etwas vorzutäuschen versuchen ohne die wirkliche Absicht der Veränderung in unserem Inneren zu tragen, dann ist unser Vorhaben langfristig zum scheitern verurteilt.

Ich kann jedem nur empfehlen sich mit Körper, Geist und Seele auf das Wesen der Pferde vollkommen einzulassen. Einzutauchen in ihre Welt und sich auf den Pfad der Weisheit der Pferde zu begeben. Sie haben uns so unendlich viel zu lehren!

Ich bin überzeugt, dass wir bei unseren Pferden Authentizität sehr gut lernen können und dies später auch unser „normales Leben" beeinflussen wird. Denn wir lernen dadurch die inneren Diskrepanzen, Widersprüche und Dysbalancen überhaupt erst zu spüren. Wir lernen immer mehr zu spüren, wann wir „ja" sagen, obwohl wir eigentlich „nein" meinen und umgekehrt. Wir erkennen, welche Dinge wir völlig unbewusst tun oder welche Ansichten wir unbewusst übernommen haben. Wir lernen zu hinterfragen, wer wir sind, was wir sind, was wir tun und warum wir es tun.

Und dies finde ich unbezahlbar wertvoll. Seit ich mich selbst immer mehr auf dem Weg der Authentizität bewege, merke ich, wie ich auch immer feinere Antennen für unauthentische Menschen und Momente entwickle.

Authentisch zu sein bedeutet aber beispielsweise auch, mir einzugestehen, wenn ich mich schlecht fühle. Also schlechte Laune, Trauer, Wut und Sorgen anzunehmen und zu akzeptieren. Und nicht länger etwas darzustellen, was nicht in meinem Inneren vorherrscht. Im Falle von negativen Gefühlen bedeutet das dann eben auch, dass ich an solchen Tagen meine Pferde vielleicht in Ruhe lasse. Denn ich möchte nichts von ihnen fordern, wenn ich selbst nicht in meiner Mitte bin.

Es ist nichts Falsches daran auch mal neben sich zu stehen, nicht in seiner Mitte zu sein, schlechte Laune, Kummer oder Sorgen zu haben. Aber wir sollten diese Gefühle bewusst annehmen und akzeptieren. Und nicht versuchen den Pferden etwas vorzumachen. Pferde spüren deutlich wie es uns in jedem einzelnen Moment geht – ob wir das wollen oder nicht bzw. ob wir uns dessen bewusst sind oder nicht. Daher sollten wir stets ehrlich zu ihnen sein. Und vor allem, sollten wir sie nicht als unsere Fussabtreter benutzen, wenn uns eine Laus über die Leber gekrochen ist. Negative Gefühle gehören zu uns, deshalb sollten wir die Verantwortung dafür auch nicht an unsere Pferde abdrücken. Sondern sollten die Verantwortung wieder zurücknehmen und uns selbst um uns kümmern. Oder aber wir lassen uns von unseren Pferden trösten und stärken, indem wir uns ihnen gegenüber verletzlich zeigen und nicht versuchen zu tun, als wäre alles in Ordnung, wenn grade überhaupt nichts in Ordnung ist.

Wenn ich stur irgendwelchen Vorstellungen und Vorsätzen folge, obwohl ich spüre, dass ich selbst nicht dazu in der Lage bin oder diese Ideen womöglich noch nicht einmal meinen eigenen Überzeugungen entspringen, dann bin ich unauthentisch. In solchen Fällen werden wir auch sehr schnell unfair gegenüber einem Pferd und verlieren damit ganz schnell an Respekt und Souveränität. Wir sollten uns also davor hüten unsere negativen Gefühle unbewusst an unseren Pferden auszulassen.

Pferde können einfach nicht verstehen, wie man nicht-authentisch sein kann. Denn die Natur kennt keine Unauthentizität. Diese Form der Dysbalance ist dem Menschen eigen. Deshalb sind Pferde Meister darin uns auf unbewusst übernommene Muster, Gefühle, Verhalten und Gedanken aufmerksam zu machen. Es liegt in ihrer Natur solche Dysbalancen wahrzunehmen und aufzuzeigen.

Wer Pferden mit offenem, ehrlichem und auch verletzlichem Herzen begegnet, der wird mit ihrer Hilfe durchaus Heilung erfahren können. Denn auch dies gehört zu einer Herde: Man stärkt und stützt einander gegenseitig in schwierigen Zeiten. Man ist füreinander da!

Lässt man aber – bewusst oder unbewusst – die eigenen, negativen Emotionen am Pferd aus, so wird sich dies früher oder später rächen. Möglicherweise wird das Pferd anfangen sich gegen seinen Besitzer zu wehren, weil es diesen unbewussten Emotionen nicht länger ausgesetzt sein möchte. Andere Pferde schicken sich einfach hinein und ertragen das Ganze, werden dann aber oftmals auf der seelischen oder körperlichen Ebene früher oder später krank oder erleben Unfälle oder Verletzungen, die sie vorübergehend aus dem Verkehr – der intensiven Auseinandersetzung mit dem Menschen – ziehen. Oder aber sie schlucken alles und explodieren irgendwann wie ein angezündetes Pulverfass. Meist geschieht das dann in Situationen, in denen es kaum einen ersichtlichen Grund für eine derartige Explosion gibt. Dabei loderte das Feuer schon lange vorher und das, was das Fass zum explodieren brachte, kann dann tatsächlich eine Kleinigkeit gewesen sein.

Unsere Pferde tragen sehr viel von und für uns, und das tun sie zuweilen auch sehr gerne. Obwohl es durchaus auch Kandidaten gibt, die davon nichts wissen wollen. Diese Pferde zeigen klar und deutlich, dass sie nicht bereit sind auch nur irgendetwas vom Gegenüber zu tragen oder gar zu übernehmen. Diese Pferde reagieren auf solche Gefühle oft aggressiv oder angespannt. Aber das Mitleiden und Mittragen von schweren Gefühlen liegt grundsätzlich in der Natur der meisten Pferde. Wie gesagt, in einer Herde ist man eben füreinander da.

Wenn der Mensch sich solcher Mechanismen jedoch nicht bewusst ist oder nicht bereit ist die Verantwortung für seine eigenen Gefühle zu übernehmen, dann kann es schnell passieren, dass das Pferd eben tatsächlich zu viel von seinem Menschen trägt oder übernimmt oder sich im umgekehrten Fall gegen diese Form des „Müllabladens" zu wehren beginnt.

Pferde spüren uns und unser Wesen in einem ganzheitlichen Sinn. Sie nehmen uns als komplexe Wesen wahr mit all unseren Gefühlen, Gedanken und Meinungen. Sie spüren sofort wer stärker verbunden ist mit einem natürlichen Zustand des Seins und wer nicht. Sie akzeptieren (fast) jeden, so wie er ist und wo er gerade steht. Denn sie wissen um unsere Fehlerhaftigkeit und unser oft mangelndes Bewusstsein. Aber Pferde kennen eben auch die bedingungslose Liebe.

Ich glaube hierin liegt eine grosse Gabe der Pferde, aber auch eine grosse Gefahr. Sie sind begnadete Heiler, Therapeuten und Weggefährten. Dadurch, dass sie spüren, was der Mensch an Last mit sich herum trägt und dies für ihn nur allzu gerne mittragen möchten. Dadurch, dass sie ein Gefühl für Gemeinschaft in sich tragen, das uns allzu oft fremd ist. Doch genau diese Form der Hingabe und der bedingungslosen Liebe kann ihnen leider auch zum Verhängnis werden. Alles in der Natur hat zwei Seiten – es liegt an uns zu entscheiden, auf welcher Seite wir uns bewegen möchten. Wie wir unseren Pferden begegnen möchten. Ob wir weiterhin unbewusst durch's Leben stapfen oder ob wir uns für ein bewussteres Leben öffnen.

Damit wir mit unserer inneren Haltung und unseren Emotionen bewusster umgehen können, müssen wir zuerst achtsam werden. Es muss es uns wert sein, unseren Fokus nach Innen zu richten, zu reflektieren und zu beobachten. Wenn wir nur im Aussen leben, werden wir niemals die sanfte Stimme der Pferde wirklich hören können. Werden niemals in ihre Weisheit eintauchen können. Denn der Lärm im Aussen wird ständig lauter sein und alles übertönen.

Es ist genau diese Stille, die ich persönlich an den Pferden so liebe. Diese Natürlichkeit, die sie uns schenken. Wie eine ferne Erinnerung an das, was wir eigentlich sind. Wie ein leises Flüstern, das uns daran erinnert, was es heisst zu leben.

Authentisch zu sein und im Jetzt zu leben sind zwei Schlüsselelemente, die wir durch unsere Pferde wieder finden und in unser Leben re-integrieren können.

Authentizität und Klarheit sind eng miteinander verwoben. Wer authentisch ist, ist auch automatisch klar. Aber nicht jeder, der klar ist, ist auch authentisch.

Energie

Wenn wir von Authentizität sprechen, müssen wir direkt auch das Thema „Energie" genauer anschauen. Ich meine mit Energie hier nicht irgendeine esoterische Form der Energie. Viel mehr geht es um Ausstrahlung, Intention und – erneut – Klarheit. Denn Energie hat viel damit zu tun, dass Körper und Geist dasselbe meinen und vor allem: Dasselbe kommunizieren!

Wenn wir also bspw. von unserem Pferd mehr Energie, im Sinne von mehr Aktivität, wünschen, dann müssen wir das gesamthaft auch so mitteilen. Wir müssen die gewünschte Energie zuerst in uns selbst, und vor allem in unserem Körper, aufbauen und sie dann dem Pferd zukommen lassen.

Wenn wir nur verbal mehr fordern, aber unser Körper dabei schlaff zusammensackt, dann sind wir nicht in der richtigen Energie. Und – Du erahnst es vielleicht bereits – wir sind dann auch nicht authentisch. Denn in diesem Fall sprechen Körper und Geist zwei unterschiedliche Sprachen. Dies ist für das Pferd unverständlich.

Umgekehrt gilt dasselbe: Wenn ich von meinem Pferd mehr Ruhe, Gelassenheit und Entspannung möchte, muss ich diese Gefühle – diese Energien –

erst in mir selbst und besonders auch meinem Körper herstellen.

Wenn ich nun also von meinem Pferd Ruhe und Entspannung möchte, selbst aber angespannt und unruhig bin, dann wird es sehr schwierig das Pferd zu beruhigen. Statt nun am Pferd herumzuzerren oder es gar zu bestrafen, sollte ich lieber den Blick nach Innen wenden und meine eigene Energie, meine eigene Anspannung, überprüfen und verändern. Bin ich nicht in der Lage, die gewünschte Energie selbst in mir aufzubauen, dann sollte ich das auch vom Pferd nicht verlangen.

Es ist von immenser Bedeutung, dass wir lernen unseren Geist und unseren Körper in eine Einheit zu bringen. Dass wir lernen mit dem Körper zu spüren und mitzuteilen, was wir gedanklich möchten. Wenn wir möchten, dass unser Pferd sich entspannt, müssen wir uns auch entspannen können und eine entspannte Atmosphäre erschaffen. Wenn wir energischere Bewegungen möchten, müssen auch wir uns aufrichten und uns energischer bewegen. Wenn ich möchte, dass mein Pferd trabt, sollte ich die Energie des Trabs in mir drin spüren, aufbauen und hinaustragen. Es ist eine ganz besondere Form der Kommunikation, die stattfindet, wenn man sich dieser Energien bewusster wird und sie zu verinnerlichen beginnt. Dann braucht es kaum noch Worte, nur noch Bilder und Energie, um zu kommunizieren.

Ich glaube in dieser Einheit zwischen Körper und Geist liegt ein weiterer wichtiger Schlüssel in der gesamten Kommunikation und dem Umgang mit dem Pferd. Hat man dies erst einmal gelernt, scheint es manchmal, als könne man wie mit Zauberhand die Pferde bewegen und mit ihnen kommunizieren. Denn ja, Pferde können unsere Gedanken lesen. Aber noch viel mehr spüren sie unsere Energie, die mit den jeweiligen Gedanken und inneren Bildern verknüpft ist.

Je klarer und einheitlicher mein Gedanke und mein inneres Bild zusammen mit meiner Energie, meinem Gefühl und meinem Körper gekoppelt sind, desto schneller und einfacher wird mein Pferd mich verstehen.

Je mehr wir dieses ganz besondere Gefühl kennenlernen, diese Einheit zwischen Körper und Geist, zwischen dem was wir wollen und tun, diesen gezielten und bewussten Umgang mit verschiedenen Energien, Botschaften, Bildern, Gefühlen und unserem Körper, desto weniger brauchen wir eine verbale oder technisierte Kommunikation mit unseren Pferden.

Die verbale Kommunikation ist im Übrigen sowieso nur eine rein menschliche Form der Kommunikation. Das sollten wir niemals vergessen! Ich persönlich spreche aber sehr gerne und oft mit meinen Pferden. Bin mir dabei aber bewusst, dass es die Bilder und Emotionen sind, die sie primär dabei empfangen. Und ich nutze auch sehr gerne die Möglichkeit der Sprache um Kommandos zu konditionieren.

Fakt ist, dass Pferde Wesen sind, die hauptsächlich über Körpersprache, Gefühle und Gedanken und somit eben Energien kommunizieren. In meinen Augen geht dies noch sehr viel weiter als über das klassisch definierte Körpersprachenvokabular (Ohren anlegen, Kopf hoch, etc.) hinaus. Das, was das Pferd zeigt, ist letztendlich nur ein Resultat dessen, was es innerlich fühlt. Und es ist auch hier gefährlich vorschnell zu pauschalisieren. Denn bspw. das erwähnte Ohrenanlegen kann je nach Situation durchaus unterschiedliche Nuancen und somit unterschiedliche Botschaften beinhalten.

Wichtiger als die „Geste" ist also die damit verbundene Energie! Das Gefühl dabei, die Absicht. Das, was innerlich gekoppelt ist mit dem äusserlichen, körperlichen Verhaltensausdruck.

Je mehr wir nun lernen unsere Energie bewusst einzusetzen, desto besser können wir nicht nur mit unseren Pferden kommunizieren. Wir lernen auch automatisch sie besser zu verstehen. Wir lernen besser zuzuhören. Zuerst uns selbst, unserem eigenen Körper, unseren eigenen Gefühlen, unserer eigenen Intention. Und dann den Pferden. Der Schlüssel liegt also auch hier viel mehr in der Innenschau und der Reflektion über uns selbst und unser Verhalten.

Ich habe schon mehrfach erlebt, wie Menschen, die gelernt haben sich selbst genauer wahrzunehmen, sich selbst zu hinterfragen und ihre Sinne zu öffnen und zu schärfen, daraus ein besseres Verhältnis zu ihrem Pferd – oder ganz allgemein der Natur – entwickelten. Einfach so, ohne zusätzliche Techniken oder Theorien.

Wir Menschen haben verlernt, wirklich klar und energetisch einheitlich zu kommunizieren. Wir haben gelernt zu lügen und Anderen etwas vorzumachen. Wie schnell sagen wir „ja" obwohl wir eigentlich „nein" meinen? Und wir haben gelernt angepasst zu sein. Dadurch haben wir viel von unserer Energie verloren.

Wenn wir Kinder beobachten, können sie uns sehr viel über diese Energie beibringen und zeigen. Besonders kleinere Kinder, die noch nicht viel über das Angepasstsein in unserer Gesellschaft wissen. Sie leben die jeweiligen Energien ganz aktiv, bewusst und deutlich. Erst mit dem Heranwachsen werden sie mehr und mehr von dieser Art sich zu zeigen und sich mitzuteilen entfremdet. Kinder sind pur – Pferde auch. Und wir Herangewachsenen dürfen es durch unsere Pferde oder auch unsere Kinder wieder zurückholen und neu lernen.

Unsere Pferde lehren uns durch Ihre blosse Präsenz wieder davon wegzukommen, uns wie energie- und emotionslose Geschöpfe zu verhalten. Sie bringen uns direkt zurück zu einem bewussten und befreiten Sein.

Wenn Du also das nächste Mal etwas von Deinem Pferd forderst oder wünschst, dann halte dabei zuerst kurz einen Moment inne. Überprüfe Dich selbst, Deinen Körper, Deine Körperspannung, Deine Gedanken, Deine Bilder, Deine Emotionen, Deine Präsenz – kurzum: Deine Energie!

Dein Ziel sollte es sein, Deine Absicht mit Deinem Körper und dem, was Du ausstrahlst in Einheit zu bringen. Mit Deinem Da-Sein (Körper, Geist und Seele vereint) zu kommunizieren. Dann wirst Du klar, verständlich und zu guter Letzt auch authentisch.

Kommunikation durch Energie = Kommunikation durch Präsenz, Klarheit & Authentizität

Innere Bilder

Ich habe im vorangegangenen Kapitel bereits mehrfach von inneren Bildern gesprochen. Darauf möchte ich nun etwas genauer eingehen.

Mit inneren Bildern meine ich all die positiven sowie negativen Bilder, die wir in uns tragen, wenn wir mit unserem Pferd zusammenarbeiten. Es sind unsere Visionen und Absichten, unsere Wünsche und Hoffnungen, aber auch unsere Sorgen und Ängste. Es sind die vom Geist ausgemalten inneren Bilder, die uns tagtäglich begleiten. Diese inneren Bilder haben einen weit grösseren Einfluss auf die Kommunikation und Verbindung zu unseren Pferden, als manch einem bewusst ist. Und wir können sie zu einem starken Verbündeten machen oder uns von ihnen auch versklaven lassen.

Beginnen wir mit einem Negativbeispiel: Der Reiter sieht in der Ferne einen Traktor herannahen. Er weiss aus Erfahrung, dass sein Pferd meist unruhig darauf reagiert. Das Gedankenkino des Reiters beginnt Amok zu laufen und spielt vor seinem inneren Auge die wildesten und gefährlichsten Szenen ab. Diese Bilder erhält auch das Pferd direkt und unmittelbar! Hinzu kommt dann noch, dass der Körper des Reiters automatisch auf diese Bilder zu reagieren beginnt, denn der Körper unterscheidet nicht zwischen Vorstellung und Realität. Das bedeutet, dass Adrenalin ausgeschüttet wird, was unter Anderem den Puls und Muskeltonus des Reiters erhöht (Flucht-Instinkt). Nebst den Bildern bekommt das Pferd also auch die körperliche Auswirkung / Energie des Menschen deutlich zu spüren (wenn er oben drauf sitzt, noch sehr viel mehr, als wenn er am Boden steht).

Was für eine Botschaft kommt in diesem Fall also beim Pferd an? „Es wird gefährlich, wir müssen unbedingt weg von hier!"

Und genau darauf wird das Pferd dann entsprechend reagieren – auch wenn der Mensch bei alledem auf seiner Verstandesebene zwar denkt, dass der Traktor doch nicht gefährlich ist, weil er ja keine Angst vor einem Traktor hat. So verhält er sich in seinen visualisierten Gedanken zum möglichen Ausgang der Situation und den darauf folgenden körperlichen Reaktionen dennoch gegenteilig bzw. widersprüchlich. Das führt dazu, dass das Pferd sich womöglich noch viel mehr aufregt, als es das tun würde, wenn kein Mensch dabei wäre oder wenn der Mensch völlig neutral wäre. Denn sein Gefährte – der Mensch – ist unruhig und angespannt und sendet durch die starke Emotionalität mit hoher Intensität Bilder der nahenden Gefahr.

Gedankliche Bilder, die mit intensiven Emotionen verknüpft sind, kommen auch intensiver beim Empfänger an. Je intensiver also ein Gefühl an einen Gedanken bzw. ein inneres Bild gekoppelt ist, desto intensiver wird dieser Gedanke übermittelt und wirkt sich entsprechend auch auf unseren Körper und seine Reaktionen aus. Denn Körper und Geist sind direkt miteinander verbunden. Und besonders die „fight or flight" (Kampf oder Flucht) Instinkte werden unbewusst vom Nervensystem gesteuert. Wenn ich also Angst fühle, dann sende ich mit jeder Zelle meines Körpers Angst aus – ob ich das nun möchte oder nicht.

Hinzu kommt: Emotionen sind ansteckend, positive wie negative Emotionen. Dies gilt für Pferd und Mensch. Wir sollten deshalb bemüht sein positive Emotionen und innere Bilder in uns zu kultivieren, von dem, was wir uns vermehrt wünschen. Einmal mehr gilt es also den Fokus auf das auszurichten, was wir uns wünschen. Statt den Blick starr auf das zu richten, was wir nicht möchten.

In erster Linie sollte der Reiter in angespannten Situationen also damit beginnen seine inneren Bilder zu überprüfen, sich selbst zu beruhigen und erst dann sein Pferd. Es bringt nichts einem unruhigen Pferd „Ruhe und Entspannung beibringen zu wollen", wenn man selbst innerlich auf einem Pulverfass sitzt. Versucht man sein Pferd dann auch noch zu massregeln, erhält das Pferd keine sachliche, klare Korrektur und es lernt dabei auch nichts. Ausser vielleicht, dass der Mensch sich grade nicht mehr im Griff bzw. unter Kontrolle hat, weil er seine Gefühle nicht kontrollieren kann. Kurzum, es spürt vor allem die Anspannung des Menschen. Worauf es ziemlich sicher selber noch unruhiger reagieren wird. Im schlimmster Fall eskaliert die Situation gänzlich, weil sich Mensch und Pferd gegenseitig aufladen und in einen Teufelskreis der Anspannung hineinziehen.

Kommt dann beim Menschen noch das Gefühl von Kontrollverlust hinzu und somit der verstärkte Drang das Pferd unbedingt noch mehr kontrollieren zu wollen, z.B. durch Zügelzerren, dann wird die Situation schnell hoch explosiv. In so einer Situation spürt das Pferd dann nicht nur die Anspannung des Menschen. Es spürt auch seinen Kontrollverlust – und damit verliert der Mensch an Souveränität. Kurz: Er verliert die Führung.

Von den potenziellen Schmerzen, die ein Mensch einem Pferd in so einer Situation bspw. durch Zügelzerren, Peitschenhiebe etc. zufügt, noch gar nicht zu sprechen.

Summa summarum verfällt das reizüberflutete Pferd in sein instinktives Verhalten der Flucht.

Kann man es ihm verübeln?

Doch lassen wir diese aufgeregte Szenerie nun hinter uns und widmen uns stattdessen doch lieber der Kraft der positiven inneren Bilder.

Je mehr wir eine genaue Vorstellung davon haben, was wir uns von unserem Pferd wünschen und wie das idealerweise aussehen sollte, desto schneller und einfacher wird unser Pferd uns das auch zeigen können. Dies gilt besonders auch bei gymnastizierenden Lektionen, in denen es letzten Endes darum geht dem Pferd ein neues Körpergefühl und einen neuen Sinn für Bewegung zu vermitteln. Hierbei sind die inneren Bilder ein nicht zu unterschätzendes Hilfsmittel. Vermutlich ist die Visualisierung sogar eine der wichtigsten Hilfen überhaupt. Klare innere Bilder helfen uns und unserem Pferd, einfacher dorthin zu kommen, wohin wir mit ihm wollen. Je klarer und deutlicher dieses innere Bild ist, desto besser kommt es auch beim Pferd an. Wenn dann noch eine starke Emotion – beispielsweise Freude oder Liebe – daran gekoppelt ist, dann erhält das Bild noch mehr an Stärke.

Deshalb sollten wir die inneren Bilder zu unseren Verbündeten machen und sie bewusst nutzen und einsetzen. Und auf der Hut sein, wenn negative Bilder uns vereinnahmen und unsere eigenen Sinne benebeln. Und damit landen wir erneut direkt wieder im Thema der Achtsamkeit und der Bewusstheit.

Ich muss immer wieder schmunzeln, wenn die Kundenpferde bei meinem Unterricht die Aufgaben vorweg nehmen, weil sie mein inneres Bild davon bereits erhalten haben, noch bevor ich es überhaupt aussprechen oder der Reiter es in Angriff nehmen konnte. Diese Momente sind für mich immer wieder wunderbare Beispiele für die Kraft der Gedanken und der inneren Bilder.

Für mich bedeutet die Kraft der Visualisierung zu nutzen gelebte Spiritualität. Diese Momente tiefster Verbundenheit und grenzenloser Möglichkeiten.

Wenn ich mit Pferden arbeite, dann versuche ich mich auf jeder Ebene mit ihnen zu verbinden und völlig präsent zu sein. Mit Körper, Geist und Seele. Also mit meiner Energie, meinen inneren Bildern und meinen Emotionen. Und ich bin davon überzeugt, dass es das ist, was die Pferde spüren und weshalb sie so schnell einen Draht zu mir zu finden scheinen. Sie spüren, wenn ein Mensch authentisch ist oder zumindest versucht authentisch zu sein. Wenn er Körper, Geist und Seele miteinander zu verbinden versucht und eine klare Vorstellung davon hat, was er möchte. Aber vor allem erkennen sie Menschen, die sich der Kraft der Visualisierung bewusst sind und diese gezielt und bewusst einzusetzen vermögen.

Pferde spüren und erkennen nunmal so viel mehr als uns bewusst ist!

Ohne inneres Bild, also ohne klare Vorstellung davon, was wir eigentlich wollen, sprechen wir für die Pferde keine verständliche Sprache. Pferde hören nicht auf unsere Worte oder Sätze, sie müssen noch nicht mal auf unsere Taten hören. Sind Begriffe mit einer bestimmten Reaktion konditioniert, wird das Pferd die entsprechende Reaktion zeigen – ganz klar. Sind es hingegen keine konditionierten Begriffe, so entspricht unsere Art mit Worten zu kommunizieren eher einem Grundrauschen für das Pferd. Und so

147

wird das Pferd sich primär an der darunterliegenden Emotion, der Energie und dem inneren Bild orientieren. Denn dies ist die Sprache, die es versteht, kennt und selber nutzt.

Wir sind es, die etwas von den Pferden möchten. Also müssen auch wir diejenigen sein, die sich darum bemühen verständlich für sie zu sein. Es sind nicht die Pferde, die sich uns anpassen müssen.

Wenn Du also das nächste Mal Deinem Pferd etwas zu erklären versuchst oder etwas von ihm verlangst und es nicht die gewünschte Reaktion bringt, dann frage Dich:

- Bin ich wirklich ganzheitlich anwesend?

- Wo (bei welchem Bild) bin ich gerade jetzt mit meinen Gedanken und was machen meine Emotionen?

- Bin ich mir meiner Energie/Ausstrahlung bewusst und setze ich dies gezielt ein?

- Bin ich ganz mit Körper, Geist & Seele bei mir und meinem Pferd und dem jetzigen Moment?

- Habe ich überhaupt ein Bild bzw. eine innere Vorstellung von dem, was ich mir von meinem Pferd wünsche?

Dies sind mögliche Fragen, die helfen können zu prüfen, ob wir wirklich bewusst und präsent sind.

Sollten wir kein inneres Bild von dem haben, was wir uns wünschen oder nur ein eher verschwommenes, unklares Bild. Dann müssen wir uns zuerst darum bemühen dieses Bild zu kräftigen, zu präzisieren und zu klären. Dann müssen wir sozusagen zuerst unsere Hausaufgaben machen, bevor wir vom Pferd eine Reaktion oder gar Leistung erwarten können.

Eine andere Frage, die wir uns im Umgang mit Pferden regelmässig stellen sollten, lautet: Weiss ich was ich tue und warum ich es tue? Oder tue ich das, was ich gerade tue, nur weil ich es (noch) nicht anders kennengelernt habe? Denn auch das gehört zur Bewusstwerdung: Zu wissen, was man tut, wann man es tut und wieso man es tut.

Die erschreckende Wahrheit ist, dass die meisten Menschen oftmals gedankenlos immer das tun, was sie schon kennen. Sie befinden sich dann in einer Art unbewussten Endlosschleife. Oder sie folgen dem ewigen Trott der Anderen, der Wiederholung und Repetition von altem „Wissen" bzw. zuweilen fremden Erfahrungen, ohne das Ganze auch nur einmal zu hinterfragen und zu prüfen, ob das denn auch ihrer eigenen Wahrheit und Wahrnehmung entspricht.

Doch erst wenn wir lernen unser Verhalten zu hinterfragen, ist es uns auch möglich allfälligen Irrtümern auf die Schliche zu kommen. Erst dann finden wir heraus, was wir selbst wirklich möchten und was nicht. Erst dann können wir unsere ureigene, innere Wahrheit finden und leben.

Auf die Gefahr hin mich zu wiederholen, aber es gilt: Ganz genau zu wissen, was man wann und wieso mit seinem Pferd macht, das ist Führung, das ist Bewusstheit, das ist Präsenz, das ist Authentizität.

Demut & das Reiten

Demut gehört heutzutage fast schon ein wenig zu den „veralteten Begriffen". Denn leider findet dieses Wort in der heutigen Zeit kaum noch oder nur selten Verwendung.

Ich muss zugeben, dass ich eine kurze oder gar einfache Definition des Begriffes Demut schwierig finde. Durch die Kirche hat das Wort Demut leider auch einen komischen Beigeschmack von „Opferdenken" erhalten. Was ich jedoch sicherlich nicht mit Demut meine, wenn ich davon spreche. Denn demütig zu sein hat für mich nichts damit zu tun, sich selbst klein zu machen oder sich gar als Opfer zu sehen.

Für mich bedeutet Demut viel eher, dass wir uns auch mal zurückstellen können. Der Begriff ist für mich eng gekoppelt mit Bescheidenheit. Und, dass wir Hingabe und Wertschätzung zeigen indem wir nichts für selbstverständlich erachten. Und dass all dies begleitet wird von einer tiefen Dankbarkeit.

Es gibt also viele Begriffe, die den Begriff der Demut begleiten. Und doch fällt es mir schwer Demut klar zu beschreiben.

Pferde lehren mich demütig zu sein. Im ständigen Bewusstsein darüber, dass sie nichts von alledem, was sie mir stetig schenken, tatsächlich schenken müssten. Dass sie sich niemals mit mir verbinden müssten. Dass sie mich mit ihren grossen, schweren Körpern ganz einfach verletzen könnten. Dass sie sich mir anvertrauen, obwohl auch ich Fehler mache und nicht perfekt bin. Dass sie mich auf ganz natürliche Weise erden, wenn ich den Boden unter den Füssen verliere. Dass sie bereit sind ihre natürlichen Verhaltensweisen abzulegen, um ein neues Miteinander zu erschaffen. Dass sie bereit sind ihre Herde zu verlassen, um ein paar Stunden mit mir zu verbringen. Dass sie mich auf ihrem Rücken tragen, obwohl sie nicht dazu geboren wurden. Dass sie auf mich Acht geben und mich nicht einfach zertrampeln.

Fakt ist: Das Pferd bräuchte eigentlich keinen Menschen. Und es bräuchte schon gar nicht geritten zu werden. Aber wir Menschen „brauchen" die Pferde und sehnen uns nach dem Reiten.

Besondere Wichtigkeit erlangt das Thema der Demut deshalb besonders im Zusammenhang mit dem Reiten: Denn ein Pferd wird nunmal nicht als Reitpferd geboren, sondern es wird dazu gemacht!

Durch die Domestikation und die immer zahlreicher vorhandenen „Reitpferde" haben wir uns beinahe schon daran gewöhnt, dass Pferde geritten werden. Pferde und das Reiten ist für viele Menschen direkt und unweigerlich miteinander verbunden. Und so kommt es leider, dass viele das Reiten an sich tatsächlich als etwas absolut Selbstverständliches erachten. Allzu schnell wird vergessen, dass Pferde körperlich – wie wir heute wissen – noch nicht mal dazu geboren wurden um schwere Lasten auf lange Sicht gesundheitlich unbedenklich auf ihrem Rücken herumzutragen!

Es sollte also nicht zur Selbstverständlichkeit werden, dass wir auf Pferden reiten können. Es sollte schon gar nicht etwas werden, das wir einfach so einfordern oder gar verlangen. Stattdessen sollten wir JEDES MAL, wenn wir auf ein Pferd steigen, dankbar und demütig sein, dass es uns (er-)trägt. Und wir sollten uns der verantwortungsvollen Aufgabe bewusst sein, was es heisst, ein Pferd zu einem Reitpferd zu machen. Ich möchte hier und jetzt nicht tiefer in diese Thematik eintauchen, da sich alleine damit vermutlich ein weiteres Buch füllen lassen würde. Aber es ist mir ein Anliegen klar und deutlich darauf hin zu weisen, dass Pferde nunmal nicht als Reitpferde geboren werden und eigentlich körperlich nicht dazu geschaffen sind!

Ich wünsche mir besonders in diesem Bereich mehr Nachhaltigkeit. Es kann doch einfach nicht sein, dass immer mehr Pferde mit kaputten Rücken und anderen körperlichen Gebrechen dastehen nur weil die Menschen das Reiten für selbstverständlich erachten und die Pferde teilweise für ihr eigenes Amusement einfach missbrauchen.

Genauso wenig kann es doch sein, dass Pferde heutzutage in einer Art Schnellbleiche ausgebildet werden. Und eigentlich schon als „Jugendliche" Leistungen vollbringen müssen, zu denen weder ihr Körper noch ihr Geist eigentlich richtig fähig wären. Der pferdische Körper reift und wächst bis zum 7. Lebensjahr oder sogar noch länger. Das heisst erst ab ca. 7-8 Jahren wird der Körper des Pferdes auf knöcherner Ebene überhaupt ganz stabil. Alles, was an Belastungen vorher ausgeübt wird, gleicht daher der Kinderarbeit oder dem Kinderspitzensport. Ich finde diese Zustände einfach nur erschütternd...

Wir sollten lernen unseren Pferden die Zeit zu geben, die ihnen für ihre eigene Entwicklung zusteht. Schliesslich können wir das Zusammensein im Idealfall ein Pferdeleben lang geniessen! Und es läuft einem auch nichts davon...

Wenn es um die Grundausbildung eines Pferdes geht, höre ich immer mal wieder den Spruch: „Wenn das Pferd erstmal 5-6 Jahre alt ist, wird er viel zu stark sein! Deswegen reiten wir ihn jetzt schon ein."

Dieser Satz lässt mich regelmässig mit ungläubigen Augen, offenem Mund und baffem Gesichtsausdruck dastehen: Wie kann man nur so eine Einstellung haben?!?

Wenn man sich auf eine tiefe Beziehung mit seinem Pferd einlässt, dann wird es keinen Grund haben diese Kraft gegen den Menschen einsetzen zu müssen!!! Wenn man eine Ausbildung anstrebt, in der Vertrauen, sowie psychisches und physisches Wohlbefinden an oberster Stelle stehen, dann wird sich das Pferd doch gar nicht widersetzen müssen!?!

Ausserdem bestätigt diese Aussage ja auch, dass sich jene Menschen (und dazu zählen leider auch zahlreiche Ausbildner) sehr bewusst darüber sind, dass die körperliche und geistige Kraft bzw. Stärke eines Pferdes eben erst in einem gewissen Alter kommen. Man könnte also behaupten, dass die Anhänger jener Meinung ganz bewusst die noch nicht ausgereiften Körper und die noch infantile Psyche der Pferde (be)nutzen – ja ich möchte sogar sagen: missbrauchen. Denn ist es nicht genau das, was wir als Missbrauch erachten? Die Ausbeutung und Ausnutzung von unterlegenen Wesen?

Nun, dies mögen harte und sehr deutliche Worte sein. Aber was dieses Thema betrifft, so habe ich tatsächlich kein Verständnis für das, was mir in der Pferdewelt leider immer wieder begegnet. Ich verstehe einfach nicht, wie man so ausbeuterisch mit diesen sanften und anmutigen Wesen umgehen kann.

Tatsache ist nunmal, dass ein Pferd erst mit 6-8 Jahren in die körperliche und psychische Reife kommt. Meistens ist es auch das Alter, in dem viele Menschen die ersten Probleme mit ihren Pferden bekommen. Weil sie stark werden? Nunja, nicht wirklich. Eigentlich müsste man eher sagen: Weil sie dann erst herangereift sind – psychisch und physisch. Und vielleicht erst jetzt vermehrt beginnen eine Meinung zu entwickeln, diese auch mitzuteilen und sich ihrer körperlichen Kraft erst jetzt allmählich bewusst werden. Doch dieses Heranreifen an sich ist noch lange nicht dafür verantwortlich, dass ein Pferd dies auch gegen den Menschen einsetzt. Denn es ist immer der Mensch, der dem Pferd überhaupt erst einen Anlass dazu gibt bzw. gegeben hat, wenn es sich so verhält.

Viele Pferde werden in den Jahren zuvor und der Art und Weise wie die Pferde heutzutage „ausgebildet" werden schlichtweg reizüberflutet. Wie kleine Kinder lassen viele von ihnen einfach geschehen, was mit ihnen passiert. Sie haben ja – im Idealfall – keinen Grund misstrauisch zu sein. Ausserdem sind sie neugierig und wissbegierig und lernen in diesem Alter gerne und schnell.

Eine kurze Randbemerkung an dieser Stelle: Pferde, wie auch Menschen, können bis ins hohe Alter lernen! Das Gehirn ist plastisch und somit befähigt ein Leben lang zu lernen. Natürlich geschieht dies in jungen Jahren besser und schneller, da das Hirn in dieser Zeit bemüht ist die meisten Verknüpfungen zu erstellen. Immerhin geht es darum so schnell wie möglich so viel wie möglich zu lernen, damit das Überleben gesichert ist. Aber auch später bleibt die Lernfähigkeit erhalten. Das Gehirn ist wie ein Muskel, den man trainieren kann. Je mehr man mit ihm arbeitet, desto besser bleibt es erhalten.

Aber nun zurück zur Schnellbleichenausbildung der modernen Zeit. Es sollte einfach klar sein, dass lediglich die Entwicklung von körperlicher Kraft und psychischer Stärke nicht der wahre Grund für Widersetzlichkeiten ist. Sondern, dass es eben die Ausbildung oder der bisherige Umgang ist, der durch die Reifung des Pferdes nun erst in Frage gestellt wird.

Und für mich ist klar, dass diese körperliche und psychische Reife etwas absolut Positives ist Mit dieser Entwicklung wird ein Jungpferd langsam erst richtig belastbar – psychisch und physisch. Das Pferd kommt damit sozusagen vom Kindergarten direkt in die Oberstufe. Ich finde genau diese Phase im Leben eines Pferdes unglaublich wertvoll. Wenn sie plötzlich da stehen und man spürt, dass sie nun wirklich belastbar – psychisch und physisch – geworden sind. Gereift und gestärkt. Erwachsen.

Wie auch immer man zu den Lebensphasen seines Pferdes steht und welchen Ausbildungsweg man wählt, man sollte dabei nie vergessen, dass das Reiten keine Selbstverständlichkeit ist. Wir sollten nie vergessen, dass Pferde eigentlich nicht dafür geschaffen sind geritten zu werden und uns durch die Gegend zu tragen. Und wir sollten uns stets vor Augen halten, was für eine verantwortungsvolle Aufgabe es ist ein Pferd – egal welchen Alters und egal mit welcher Vorgeschichte – zu einem gesunden Reitpferd zu machen bzw. es dabei gesund zu erhalten.

Körper und Geist des Pferdes geben den Weg vor und nicht die Wünsche und Ambitionen des Menschen! Die Würde eines Pferdes sollte als unantastbares Gut betrachtet werden. Die vertrauensvolle Zusammenarbeit und somit die Ebene der Beziehung sollte die Basis bilden, auf der alles Weitere folgt. Und erneut möche ich in die Welt hinaus schreien: Qualität vor Quantität!

Merke: Wer sein Pferd reiten möchte, der hat in meinen Augen die Pflicht, sich darum zu bemühen, dass das Pferd dies schadlos, also gesundheitlich unbedenklich und vor allem nachhaltig ausführen kann! Werde Dir wieder bewusst darüber, dass es keine Selbstverständlichkeit ist sich auf den Rücken eines Pferdes zu setzen und es zu reiten.

Wenn Du also das nächste Mal auf Dein Pferd steigst, dann halte einen kurzen Moment inne. Atme tief und bedanke Dich (laut oder nur in Gedanken) bei Deinem Pferd dafür, dass es Dich auf seinem Rücken trägt. Zeige Wertschätzung für dieses Glück, das Du erleben darfst. Und kümmere Dich darum, dass Dein Pferd körperlich dazu in der Lage ist Dich gesundheitlich unbedenklich tragen zu können!

Gegenseitige Akzeptanz

Gegenseitige Akzeptanz bildet den notwendigen Rahmen für ein positives Miteinander. Egal ob zwischen Mensch und Pferd, Mensch und Mensch oder Mensch und einem anderen Tier.

Damit ich das Gegenüber annehmen und so akzeptieren kann, wie es ist, muss ich oftmals erst lernen mich selbst anzunehmen und zu akzeptieren, so wie ich bin. Solange ich nicht gelernt habe mich selbst anzunehmen, solange werde ich auch das Gegenüber nicht so annehmen können, wie es ist.

Es gibt so viele unterschiedliche Menschen und Pferde. So viele unterschiedliche Charaktere mit ganz individuellen Eigenschaften. Jeder ist anders und doch sind wir alle irgendwie gleich.

Man muss spüren können, wer einem gegenüber steht – bei Mensch und Tier. Wie sein Charakter bzw. seine Persönlichkeit ist, welches seine Stärken und Schwächen sind, wie man ihn fordern und fördern kann. Es sind die Feinheiten, die Nuancen, die den Unterschied machen.

Charaktereigenschaften und Persönlichkeiten können sich aber auch im Laufe eines Lebens verändern. Das bedeutet daher auch, dass ich in jedem einzelnen Moment schauen und prüfen muss, wo mein Gegenüber sich gerade befindet. Was gestern war, muss heute nicht mehr gelten und kann Morgen bereits wieder anders sein. Eben weil wir uns alle ständig weiterentwickeln, denn das Leben ist ein Weg, eine Reise. Deswegen mag ich es auch nicht, wenn Pferde oder Menschen anhand ihrer Persönlichkeitsmerkmale in eine Definition oder Kategorisierung gepresst werden. Denn das würde ja bedeuten, dass sich Menschen und Pferde im Laufe ihres Lebens nicht verändern könnten.

Ob man an der Festgefahrenheit von Charakter, Persönlichkeitsmerkmalen und Wesenszügen festhält oder nicht, ist vielleicht sogar eine Art Glaubensfrage, die jeder für sich selbst beantworten muss. Ich persönlich glaube daran, dass fast alles veränderbar ist. Einfach weil ich das schon so oft – bei Mensch und Tier – miterleben durfte.

Aber lassen wir die individuellen Eigenschaften kurz hinter uns und widmen wir uns der Pauschalisierung des Pferdes an sich: Wenn ich versuche mit jedem Pferd gleich zu arbeiten, dann werde ich keinem wirklich richtig gerecht. Die Kunst ist es zu sehen oder zu spüren, wer sich dahinter verbirgt und was für ein Wesen das einzelne Pferd hat. Im Übrigen gilt das auch für meine Arbeit mit meinen Kunden. Ich versuche jeden dort abzuholen, wo er sich grade befindet. Ohne zu bewerten.

Man sollte sich bemühen herauszufinden, welche Bedürfnisse und Anliegen ein Wesen hat, welche Erfahrungen und Erlebnisse es geprägt haben um dann individuell darauf einzugehen. Und das IN JEDEM EINZELNEN MOMENT und immer wieder auf's Neue. Das erfordert enorme (innere) Flexibilität und diese Flexibilität geht in jedem starr definierten System einfach verloren.

Gegenseitige Akzeptanz und Annahme, dessen was ist, schenkt uns Freiheit. Denn ist es nicht genau das, was wir unter Freiheit verstehen? Den Anderen so sein zu lassen wie er ist und sich selbst so anzunehmen wie man ist? Situationen und Menschen zu erlauben zu sein, wie sie sind?

Ich glaube jeder Mensch sehnt sich in seinem tiefsten Innersten nach genau dieser Form der Freiheit und des Geliebtseins bzw. Geliebtwerdens. Aber nur Wenige können es auch zulassen. Denn in der heutigen Welt wirkt Individualität auf uns oft befremdlich. Wie ein Damokles-Schwert hängt die Erwartung „Du musst so sein wie alle Anderen – Du darfst nicht aus der Reihe tanzen und schon gar nicht auffallen" über uns. Aber solange wir uns diesem Schwert nicht stellen, solange können wir Anderen und insbesondere uns selbst und somit auch unseren Pferden diese Form der Freiheit nicht schenken. Denn wir müssen zuerst dieses besondere Gefühl der Akzeptanz und der „Erlaubnis für Individualität" in uns kennenlernen und kultivieren, bevor wir es Anderen schenken können.

In der Natur verlangt nichts nach Gleichheit, denn die Natur ist der Inbegriff der Variation, der Verwandlung, der Entwicklung, des Wachstums. Es ist der Mensch, der solche Vereinheitlichungen anstrebt und künstlich zu kategorisieren versucht.

Ich möchte Dich fragen:

Kannst Du Dich annehmen, so wie Du bist?

Kannst Du Dein Pferd annehmen, so wie es ist?

Kannst Du eine Situation annehmen, so wie sie ist, auch wenn sie nicht Deinen Vorstellungen entspricht?

Oder versuchst Du ständig Dich selbst, Dein Gegenüber (Mensch oder Pferd) oder Situationen in Deinem Leben zu verändern, zu kontrollieren und über sie zu bestimmen?

Wenn Du Dich noch immer auf diesem Pfad der Vereinheitlichung und Kontrolle befindest, wirst Du Dein Pferd vermutlich nicht gänzlich annehmen können. Vor allem dann nicht, wenn gerade Dein Pferd eines ist, das „aus der Reihe tanzt". Vielleicht konfrontiert es Dich damit aber auch nur mit Deiner eigenen Individualität. Vielleicht triggert es damit auch nur Deinen eigenen Unfrieden durch Dein eigenes Angepasstsein.

Erlaube Dir selbst zu sein, wer Du bist. Erlaube Deinem Pferd zu sein, wer es ist. Und erlaube einer Situation zu sein, wie sie ist. Ohne immer ständig manipulieren, kontrollieren oder steuern zu wollen. Manchmal muss man einfach mal etwas so sein lassen, wie es ist, um wirklich zu SEIN.

Und doch haben viele Menschen genau davor grosse Angst. Denn Loslassen und Freiheit bedeuten immer auch Raum für „Fehler" (dazu gleich mehr im nächsten Kapitel). Freiheit und Loslassen bedingen die Aufgabe der Kontrolle und konfrontieren uns damit überhaupt erst mit unserer eigenen Unfreiheit und der Angst davor die Kontrolle abzugeben.

Freiheit zu schenken konfrontiert uns gelegentlich auch damit bisher gelebte Vorstellungen und Überzeugungen loszulassen. Das ist nicht ganz so einfach. Denn man kann sich dann nicht mehr hinter einer Lehre oder einem System oder dem „man macht das halt so, weil man es immer so gemacht hat" verstecken und ist gezwungen selbst die Welt zu erkunden und sich eine Meinung zu bilden - mit allen daraus folgenden Konsequenzen.

Ich glaube ja, dass der heutige Mensch so grosse Angst vor dem Loslassen hat, weil er schlicht nie gelernt hat, wie man das macht.

Der heutige Mensch – und da zähle ich mich natürlich dazu, denn auch ich bin dieser Welt aufgewachsen – hat vor allem gelernt zu kontrollieren, zu steuern, zu planen und zu funktionieren. Er hat gelernt, wie er Handlungen tätigen kann um ein Ziel zu erreichen. Er hat gelernt, dass er im Aussen handeln und manipulieren „muss" um etwas zu verändern. Aber er hat nicht gelernt, was es bedeutet, zuerst nach Innen zu schauen. Er hat auch nicht gelernt, etwas einfach mal loszulassen, einfach mal sein zu lassen und innerlich einen Schritt davon zurück zu treten. Denn die Zügel aus der Hand zu geben – wortwörtlich und im übertragenen Sinne – konfrontiert uns direkt mit Kontrollverlust. Und Kontrollverlust macht Angst. Doch nur wer sich dieser Angst stellt, kann lernen die Kontrolle aufzugeben. Denn am Ende ist diese Angst wie so viele unserer Ängste nur eine Illusion – genauso wie das Gefühl der Kontrolle eine Illusion ist.

Doch nun bin ich abgeschweift vom eigentlichen Thema der gegenseitigen Akzeptanz. Erst wenn wir uns selbst erlauben können anders zu sein, können wir auch unserem Pferd erlauben anders zu sein. Erst wenn wir damit aufhören, angepasst zu leben, können wir dasselbe auch unserem Pferd erlauben. Erst wenn wir lernen unsere eigene Individualität zu akzeptieren und zu leben, können wir dies auch unserem Pferd schenken.

Solange wir glauben und sogar behaupten „ich muss eben auch angepasst sein", „ich muss eben manchmal auch unten durch" oder „ich muss manchmal eben auch Sachen machen, die ich nicht will", solange können wir unserem Pferd keine Freiheit schenken. Denn dann haben wir selbst keine Ahnung von Freiheit bzw. kennen noch nicht die Freiheit des Geistes. Und erneut projizieren wir unsere Unfreiheit auf unsere Pferde.

Wir leben dann in unseren selbstgeschaffenen Käfigen und projizieren diese weiter auf unsere Pferde. Denn das, was wir glauben und denken, erschafft unsere Realität und steuert unser Bewusstsein und unsere Vorstellung von der Welt.

Wenn wir damit beginnen mehr Raum für gegenseitige Akzeptanz zu schaffen, dann befreien wir uns damit in erster Linie einmal selbst. Und in der Folge befreien wir auch unsere Pferde von den Käfigen, die wir ihnen auferlegt haben. Wir eröffnen einen Raum des unverfälschten Seins, der Individualität und der Kreativität. Einen Raum der Liebe, des Wohlwollens und der gegenseitigen Akzeptanz.

Fehler?

Ich begegne immer wieder Menschen, die sich aus lauter Angst davor Fehler zu machen kaum noch zu bewegen getrauen. Wenn die Angst so gross wird, dass sie uns lähmt, ist es höchste Zeit an dieser Angst zu arbeiten. Ich möchte jedoch hier nicht vom Umgang mit Ängsten sprechen, sondern viel mehr etwas zum Thema Fehler schreiben.

Der Mensch hat irgendwann Fehler als etwas Schlechtes definiert. Etwas, das es zu vermeiden gilt. Denn wenn man Fehler macht, ist man ja auch automatisch fehlerhaft. So zumindest das allgemein vorherrschende Gedankengut.

Diese oben genannte Verstrickung schwächt unseren Selbstwert, weil wir das Fehler machen direkt mit unserem Selbst bzw. unserem Selbstwert koppeln. Viel besser wäre es Fehler nicht länger als Fehler zu betrachten, sondern als wichtige und richtige Erfahrungen, die man macht bzw. machen muss. Denn bräuchte man diese Erfahrung nicht, würde man sie auch nicht machen müssen.

Ohne „Fehler" könnten wir uns ja gar nicht weiter entwickeln. Dass wir etwas als Fehler betrachten, zeigt ja bereits, dass wir gereift sind. Dass wir eine neue Perspektive einnehmen konnten, von der aus wir etwas erst jetzt überhaupt erst als „Fehler" betrachten können.

Wer im Übrigen glaubt, dass Profis keine Fehler machen würden, der täuscht sich gewaltig. Niemand ist fehlerfrei, denn fehlerfrei zu sein wäre gleichbedeutend mit Stillstand. Und Stillstand ist aus Sicht der Natur gleichbedeutend mit Tod. Und da jeder sich Zeit seines Lebens weiterentwickelt, macht auch jeder ein Leben lang Fehler. Das lässt sich nicht vermeiden und soll man ja auch gar nicht vermeiden wollen. Und letztendlich lernt man aus „Fehlern" mehr, als aus gelungenen und reibungslosen Erfahrungen.

Das Ziel sollte deshalb nicht sein keine Fehler mehr machen zu wollen. Denn dieses Ziel ist ohnehin unrealistisch und so ein Vorsatz führt auch nicht zu einem sinnvollen Weg. Viel mehr ist es unsere Aufgabe reflektiv zu sein. Also über das, was wir tun und wie wir es tun, nachzudenken. Unser Denken und Handeln regelmässig zu hinterfragen. Um dann, wenn nötig, daraus zu lernen und vielleicht sogar neu zu wählen.

Pferde fordern keine Fehlerfreiheit von uns. Doch sie verlangen von uns, dass wir reflektieren und aus erkannten Fehlern lernen um zu wachsen und dazu zu lernen.

Pferde leiden sehr viel mehr am Nicht-Erkennen/Überdenken-Wollen oder am Nicht-

Verändern-Wollen eines Menschen, als an einem Fehler an sich.

Sie erwarten dabei von uns noch nicht einmal, dass wir all unsere „Fehler" erkennen. Denn sie wissen, dass das unmöglich ist und akzeptieren uns so wie wir sind. Sie wissen auch, dass wir für so manche Erkenntnis erst Zeit benötigen um überhaupt Erkennen zu können. Dass es gewisse Prozesse gibt, durch die wir erst hindurch müssen, bevor wir etwas erkennen und somit anders betrachten können.

Aber (!) sie beginnen dann zu leiden, wenn wir diese Fehler eigentlich zu erkennen beginnen, vielleicht sogar spüren, und dennoch nicht hinschauen und etwas verändern wollen. Wenn wir stur an altem Denken, alten Gewohnheiten und bisherigem Handeln festhalten, obwohl unsere innere Stimme nicht (mehr) damit konform ist. Denn dann werden wir erneut unauthentisch und unsere Energie wird unklar.

Nochmal: Lerne Fehler als Erfahrung zu betrachten und freue Dich auf all die Erfahrungen, die Du in Deinem Leben noch machen wirst. Freue Dich auch über jede Ent-Täuschung, denn sie zeigt Dir lediglich, wo Du einer Täuschung unterlagst. Eine Enttäuschung ist somit immer etwas höchst Befreiendes, genauso wie Fehler.

Und wenn Du diese nicht länger als „Fehlerhaftigkeit Deiner Selbst" betrachtest, sondern lediglich

als das, was sie sind, nämlich (notwendige) als Erfahrungen und als Beweis für Wachstum, dann kann ein
Fehler zu einem höchst freudvollen Erlebnis werden.
Denn er zeigt Dir, dass Du gewachsen oder gereift
bist. Dass Du nun an einem Punkt stehst, an dem Du
Deine Handlungen oder Dein Verhalten aus einer
völlig neuen, bisher unbekannten Perspektive betrachten kannst.

Freue Dich über jeden Fehler, den Du für Dich er-
kennst und stehe dazu! Denn er ist ein Schlüssel zu
Deinem ganz persönlichen Glück. Er ist es, der Dich
Dein Wachstum deutlich spüren lässt und Dir sagt:
„Hey schau mal, Du bist gereift, denn heute weisst Du
mehr als noch zuvor."

Vom Lernen und Lehren

Beginnen wir mit dem sprachlichen Unterschied zwischen Lernen und Lehren.

Besonders im Schweizerdialekt wird zwischen lernen und lehren leider selten ein Unterschied gemacht. Im Hochdeutschen ist der Unterschied klarer, dennoch kennen ihn viele nicht: Lernen bedeutet etwas selbst zu lernen. Lehren bedeutet hingegen jemandem etwas beizubringen.

Im Zusammenleben mit Pferden ist beides von Bedeutung. Manchmal lehren wir und manchmal lernen wir. Es findet immer beides statt. Zu Lehren ist nicht nur Ausbildnern vorenthalten. Jeder, der ein Tier hat, lehrt es auch – und zwar ständig – bewusst oder unbewusst.

Obwohl ich in Lernpsychologie ausgebildet bin und gerne lernpsychologische Zusammenhänge vermittle und weitergebe, möchte ich vorerst nicht auf wissenschaftliche Hintergründe oder Techniken allzu sehr eingehen. Lieber möchte ich Dein Bewusstsein für das Lernen und Lehren ganz allgemein versuchen zu schärfen.

Wir müssen uns darüber im Klaren sein, dass unsere Pferde ständig etwas von und über uns lernen.

Ob wir das nun wollen oder nicht. Ob wir nun grade bei vollem Bewusstsein bei unserem Pferd sind oder nicht. Denn Lernen ist etwas, das ganz natürlich geschieht und nicht auszublenden ist. Also stellt sich für den bewussten Pferdemenschen ganz automatisch die Frage: Was möchte ich, das mein Pferd lernt? Welche Manieren soll es haben? Welche Fertigkeiten und Fähigkeiten soll es erlernen?

Wer sich diese Fragen im täglichen Umgang mit dem Pferd stets vor Augen hält, der kommt automatisch zu einem bewussteren Umgang. Denn dann ist man sich auch darüber im Klaren, was man will und was eben nicht.

Beispiel: Ein Pferd steht am Putzplatz und scharrt. Der Mensch findet das womöglich anfänglich noch süss und bestätigt das Pferd durch Lob, Streicheln, Zuneigung oder sogar Futter. Oder aber, er korrigiert das Pferd zwar, schenkt ihm aber dadurch auch seine Aufmerksamkeit. Das Pferd lernt in so einer Situation schnell, dass es durch Scharren Lob oder eben einfach „nur" Aufmerksamkeit erhält – was für das Pferd ähnlich erstrebenswert sein kann wie ein Lob. Irgendwann empfindet der Mensch dieses Verhalten jedoch plötzlich als lästig und unangebracht. Nun wird es ihm eben doch zu viel mit der Scharrerei. Aber, er war es, der dieses Verhalten ursprünglich gelehrt hatte, indem er es zuvor noch bestätigt hatte und sei es eben „nur" indem er mit Aufmerksamkeit darauf reagiert hat.

Manchmal ist bereits unsere blosse Aufmerksamkeit auf ein Verhalten für das Pferd eine positive Bestätigung. Es muss nicht immer Lob oder Futter sein.

Es ist für viele kaum vorstellbar, dass Ignorieren in solchen Situationen, die oftmals beste Lösung ist. Das liegt vielleicht daran, dass Ignorieren im zwischenmenschlichen Umgang unangenehm und nicht gewünscht ist. Bei Pferden hingegen kann es unglaublich wertvoll sein gewisse Verhaltensweisen einfach zu ignorieren, ihnen keine Resonanz zu schenken, keine Aufmerksamkeit. Vielerlei Probleme lösen sich alleine dadurch, dass wir ihnen keine Energie mehr schenken.

Vielleicht beginnst Du nun immer besser zu verstehen, weshalb ich immer wieder und so oft vom bewussten Umgang mit Pferden spreche. Von bewusstem Sein, von Achtsamkeit und Präsenz. Denn der Mensch formt das Pferd bzw. sein Verhalten in jeder Sekunde des Zusammenseins. Die meisten tun dies bisher einfach völlig unbewusst.

Werde Dir darüber bewusst, dass ein Pferd fast nichts von dem mitbringt, was wir später an Anforderungen stellen. Und halte nichts für selbstverständlich. Wenn Du diese beiden Dinge in der Begegnung mit Deinem Pferd beständig im Hinterkopf trägst, wirst Du automatisch bewusster im Umgang mit Deinem Pferd.

Die grössten Feinde sind Gedanken wie:

- „Das sollte er/sie doch aber jetzt können!"

- „Wieso machst Du es nicht einfach so, wie ich es von Dir verlange?" (ohne vorherige Erklärung dessen, was gewünscht wird)

- „Alle anderen / bisherigen Pferde konnten das auch, wieso Du nicht?"

Die Antwort auf solche und ähnliche Fragen lautet ganz oft: Weil der Mensch sich nicht darum gekümmert und bemüht hat, dass es das Pferd besser kann.

Nochmal: Nichts ist selbstverständlich!

Pferde sind Individuen. Keines ist gleich wie das Andere und so bringt jedes Pferd auch andere Eigenschaften, einen eigenen Charakter und eigene Persönlichkeitsstrukturen mit sich. Doch ist es nicht auch genau das, was wir an ihnen so schätzen und lieben? Dass sie Lebewesen sind, also lebendige Wesen, und keine Maschinen? Dass sie so unterschiedlich sind und jedes Pferd so einzigartig ist? Und dennoch stehen viele Pferdebesitzer oft da und fordern maschinenartiges, gleichgeartetes Verhalten und tolerieren keine oder kaum Meinungsäusserungen der Pferde.

Respekt und Toleranz sind nur zwei Schlagwörter, die hier wichtig sind. Ich respektiere und toleriere die Meinung meiner Pferde, bin aber trotzdem nicht immer derselben Meinung wie sie. Aber ich höre mir ihre Meinung gerne an und schätze ihre Mitteilungen.

Ich will keine funktionierende Maschine, ich will ein Pferd, das mir vertraut und bereitwillig sein Bestes schenkt. Das sich mir anvertraut und mit mir kommuniziert! Wir erinnern uns: Kommunikation ist keine Einbahnstrasse.

Und wenn mir ein Verhalten an meinem Pferd nicht gefällt, dann kümmere ich mich darum, dem Pferd ein anderes Verhalten beizubringen. Nicht durch diktatorische Befehlsgewalt, sondern indem ich dem Pferd etwas Anderes zeige und so das Pferd bewusst lehre und forme.

Erneut fällt das Stichwort der Erziehung, an der es vielfach einfach fehlt. Die Pferde wissen dann gar nicht, was sie dürfen und was nicht. Und die Menschen haben keinen Plan davon, was sie von ihrem Pferd wollen oder nicht. Das Pferd darf alles machen und der Mensch eben auch. Und so sind Konfrontationen, Reibungen und Probleme schon vorherbestimmt. Denn das ist keine Form des Zusammenlebens! Wenn zwei aufeinander treffen und jeder einfach „sein Ding" macht, findet keine Kommunikation statt. Es findet keine Beziehung, keine Verbindung statt. Es gleicht dann eher einem nebeneinander her leben, als einem Miteinander.

Man kann und darf sein Pferd formen! Körperlich und psychisch. Wenn mein Pferd also bspw. beim

Aufsteigen einfach nicht still steht und mich das stört, dann liegt es an mir dies meinem Pferd anders beizubringen. Ich muss sowas nicht einfach so hinnehmen (Stichwort: Opferdenken). Sondern ich kann einen Einfluss darauf nehmen und ihm etwas Anderes beibringen.

Fassen wir zusammen: Pferde lernen ständig (wie wir im Übrigen auch). Wie Bildhauer können wir sie formen und fördern – oder aber auch zerstören. Wir sind ihre Lehrer, zu jeder Zeit, ob wir das möchten oder nicht. Wir entscheiden, welches Verhalten wir fördern und welches wir abgrenzen, umleiten oder vielleicht einfach korrigieren wollen. Es liegt in unserer Verantwortung die Pferde an ihre vielfältigen und zahlreichen Aufgaben im Zusammenleben mit uns Menschen heranzuführen.

Nimm Deine Verantwortung als Lehrer an!

Konditionierung

Wenn es um's Lernen und Lehren geht, dann hilft es auch die Hintergründe von Konditionierungen ein wenig zu verstehen. Deshalb möchte ich an dieser Stelle nun doch ein klein wenig Theorie hinein bringen.

Unter Konditionierung versteht man – vereinfacht gesagt – die Koppelung zwischen einem Reiz und einer Reaktion.

Dabei werden aktuell grundsätzlich zwei Formen der Konditionierung unterschieden:

- Klassische Konditionierung
- Operante Konditionierung

Die klassische Konditionierung wurde von Pawlow geprägt und findet heute auch in der Humanpsychologie, sowie der Kindheits- & Entwicklungspsychologie ihre Anwendung.

Grob gesagt, geht es bei der klassischen Konditionierung darum ein spezifisches Verhalten auf einen bestimmten Reiz zu erzeugen. Pawlows berühmtestes Experiment zur klassischen Konditionierung machte er mit Hunden. Er koppelte die Gabe von Futter an einen Glockenton. Dies wurde mehrfach wiederholt, so dass am Ende allein der Glockenton vermehrten Speichelfluss – als Reaktion auf erwartetes Futter – bei den Hunden auslöste. Ich möchte hier nicht weiter ins Detail oder in den Fachjargon der Lernpsychologie eintauchen. Wer es genauer wissen möchte, suche sich am Besten geeignete Fachliteratur.

Wichtiger finde ich, dass der verantwortungsbewusste Pferdebesitzer über diese Mechanismes ganz allgemein Bescheid weiss um sie bewusst nutzen und einsetzen zu können.

Vereinfacht kann man sagen, dass durch ständige Wiederholung ein zuvor neutraler Reiz durch die Verbindung mit einem bestehenden Reiz zu einem entsprechenden Verhalten führt. Man spricht in diesem Falle gerne auch vom „Lernen durch Gewohnheit".

Einfachstes Beispiel ist die Konditionierung auf ein bestimmtes Stimmlob gekoppelt mit Futter. Gebe ich ein spezifisches Stimmlob, z.B. „brav", in mehrfacher Wiederholung gleichzeitig mit einem Futterlob, so wird das Stimmlob alleine später ähnlich positive Gefühle auslösen wie das Futterlob zuvor. Pawlows Experiment mit den Hunden hat damals schon gezeigt, dass solche Verknüpfungen auf unbewusste Reaktionen einen Einfluss haben. Denn der Speichelfluss der Hunde wird nicht vom bewussten Teil des Gehirns gesteuert, sondern vom unbewussten – dem vegetativen – Nervensystem. Konditionierungen sind also ein nicht zu unterschätzendes Werkzeug.

Dabei dürfen wir aber nicht vergessen, dass der Organismus nicht zwischen positiven und negativen Konditionierungen unterscheidet. Es gibt keinen Filtermechanismus der zwischen sinnvoll Erlerntem und nicht-sinnvoll Erlerntem unterscheidet. Konditionierung findet einfach statt!

Wir können Konditionierungen sinnvoll nutzen und in unsere Arbeit mit den Pferden einbauen. Aber wir müssen uns auch der negativen Konditionierungen bewusst sein. Hat ein Pferd beispielsweise immer Schmerzen oder Gewalt erfahren im Zusammenhang mit einem spezifischen Reiz, so wird dieser Reiz später die Schmerzen oder die Angst auslösen – unabhängig davon, ob tatsächlich Schmerzen folgen oder nicht. Ich habe es in meiner Arbeit sogar schon erlebt, dass bereits die Farbe einer Longe eine negative Reaktion auslösen kann. Jenes Pferd hatte die schwarze Longe mit Stress aus früheren Erfahrungen verbunden und zeigte sich völlig gestresst und auch aggressiv als wir es mit der besagten schwarzen Longe longierten. Mein Bauchgefühl sagte mir, dass es an der Longe liegen könnte – und ich sollte Recht behalten. Denn als wir die Longe austauschten gegen eine in einer anderen Farbe, war auch das Pferd wieder wie ausgetauscht. Plötzlich war das Pferd nämlich wieder viel ruhiger. Das war für mich ein faszinierendes und zugleich erschreckendes Beispiel von den negativen Möglichkeiten gewisser Konditionierungen.

„Die Macht der Gewohnheit" ist nicht zu unterschätzen! Vieles wird mit der Zeit einfach zur Gewohnheit und wird somit auch tief verankert. Auch hier wieder: Im Positiven, wie im Negativen. Negative Gewohnheiten sind schwer zu verändern, ich glaube das kennen wir alle auch von uns selbst. Im Gegenzug ist es jedoch auch wichtig positive Lernerfahrungen zur Gewohnheit werden zu lassen. Denn erst die Gewohnheit festigt ein neues Verhalten.

Die operante Konditionierung basiert im Gegenzug zur klassischen Konditionierung auf spontan gezeigtem Verhalten bzw. dem Lernen durch Versuch und Irrtum. Auf ein gezeigtes Verhalten kommt also eine positive oder negative Reaktion, die das ursprüngliche Verhalten beeinflusst und verändert.

Ich mag es Pferde durch Versuch und Irrtum zum Ziel zu führen oder spontan angebotene Verhaltensweisen direkt zu konditionieren, wenn ich sie positiv nutzen kann.

Ausserdem schätze ich es, wenn Pferde proaktiv Mitdenken und nicht nur irgendwelches Verhalten kopflos abspulen. Wenn sie also auch mal durch Versuch und Irrtum das Ziels selbst zu erreichen versuchen. Daher arbeite ich auch oft mit dem Wort „Nein". „Nein" ist für Pferde zuerst einmal nur irgendein Wort. In der gemeinsamen Arbeit lernen meine Pferde jedoch, dass „Nein" für sie bedeutet: „Danke, aber das ist die falsche Reaktion. Versuch etwas Anderes." Und so bringe ich sie auch mal zum überlegen und selber nachdenken. Denn sie werden damit aufgefordert alternative Vorschläge oder Ideen zu bringen.

Ausserdem mag ich die operante Konditionierung deshalb, weil sie uns die Möglichkeit bietet auf spontanes Verhalten positiv zu reagieren. Es kommt durchaus vor, dass ich mit einem Pferd an einer gewissen Sache arbeite und mir das Pferd dann plötzlich etwas zeigt, das ich zwar so nicht gesucht hatte, aber dennoch in einem anderen Rahmen gebrauchen kann. Dann schmeisse ich gerne mal den ursprünglichen Plan über den Haufen und nehme das Geschenk des Pferdes an. Meine Devise lautet dann: „Danke, das wollte ich zwar nicht. Aber lass uns das annehmen und verfeinern."

Hierbei finde ich es wichtig, dass man sich tatsächlich innerlich neu ausrichtet. Man muss den ursprünglichen Plan vorübergehend vielleicht sogar wirklich kurz komplett vergessen und sich ganz dem spontan gezeigten Verhalten widmen. Falsch wäre es aber sicherlich auch, wenn ich jedes spontan gezeigte Verhalten stets annehme und jedes Mal meinen Plan über Bord werfe. Denn dann bin ich wieder eher reaktiv als aktiv. Und somit wieder eher führungslos. Manchmal müssen wir also durchaus auch mal antworten: „Danke, aber nein danke."

Es kommt eben darauf an, worum es grade geht und was das Pferd von sich aus anbietet. Ich beobachte oft, dass Pferde dem Menschen etwas anbieten möchten und der Mensch es mit seinem Scheuklappenblick entweder gar nicht mitkriegt oder aber direkt unterbindet, weil er ja einen anderen Plan hatte. Natürlich ist der Grat sehr schmal, wann man etwas annehmen kann/soll und wann es besser ist, es zu unterbinden. Da auch viele Marotten grade durch operantes Konditionieren sich erst so richtig einzuschleichen beginnen. Letztendlich ist es wohl wieder die Frage nach der Bewusstheit, die eine Art Massstab bieten kann. Man muss sich bewusst darüber sein, was das Pferd anbietet und in wie fern dies dienlich oder eben auch nicht dienlich sein kann. Erneut geben Bewusstheit und Präsenz die Leitplanken für unser Handeln. Bewusstsein darüber, was wir tun, wann wir es tun und wieso wir es tun. Und Präsenz für den jeweiligen, individuellen Moment. Eine der anspruchsvollsten Aufgabe und Herausforderung an uns Menschen, die durch unsere Pferde an uns herangetragen wird.

Es ist aber genauso wichtig, dass wir einen Grundplan haben, eine Grundvision, ein Grundziel. Nur so sind wir auch fähig zu unterscheiden, welches gezeigte Verhalten wir JETZT sinnvoll integrieren können und welches nicht. Denn manchmal sind wir tatsächlich gezwungen ein spontan gezeigtes Verhalten gänzlich zu ignorieren oder gar zu unterbinden, weil es dem langfristigen Ziel einen Stein in den Weg legen würde. Oder aber wir müssen dem Pferd erklären, dass wir seine Idee und seine Motivation zwar schätzen, dass das aber erst später dran kommt.

Und genau das macht es vermutlich auch so schwierig. Einerseits eine klare Idee bzw. Vorstellung davon zu haben, was wir möchten. Gleichzeitig aber immer wieder bereit zu sein allfällige Pläne spontan über den Haufen zu schmeissen und dabei doch immer noch genau zu wissen, was man tut.

Positive Verstärkung – der goldene Schlüssel

Nachdem ich nun kurz einen Einblick in die Welt der Konditionierung gegeben habe, möchte ich mich nun noch dem lernpsychologischen Hintergrund rund um Verstärkung, Belohnung und Strafe ein wenig widmen. Das ist zwar auch Theorie, finde ich aber wichtig für das tieferliegende und umfassendere Verständnis.

Zuerst möchte ich kurz die wissenschaftliche Nomenklatur klären. Da es in der Theorie mit den Begriffen manchmal etwas verwirrlich ist.

Eine Verstärkung / Belohnung kann positiv oder negativ sein. In beiden Fällen wird das Pferd das entsprechende Verhalten verstärken. Die Begriffe positiv und negativ beziehen sich in diesem Fall darauf, dass etwas hinzugefügt wird (positiv) oder weggenommen wird (negativ). Dasselbe gilt für die Strafe. Es gibt eine positive Strafe und eine negative Strafe. Die positive Strafe wird aber nicht etwa positiv empfunden – denn es ist und bleibt eine Strafe – aber es wird etwas hinzugefügt. Bei der negativen Strafe wird etwas weggenommen.

Ich versuche es mal mit einem kleinen Überblick auf der nächsten Seite. Letzten Endes muss man als Pferdehalter die Begriffe gar nicht unbedingt im De-

tail kennen, aber man sollte den Kern daraus mit-
nehmen. Hier also die vier Möglichkeiten, die es
grundsätzlich gibt, wie diese empfunden werden bzw.
was diese beim Pferd auslösen können:

Verstärkung:

- Positive Verstärkung (Belohnung):
  Etwas Angenehmes wird hinzugefügt

- Negative Verstärkung:
  Etwas Unangenehmes wird beendet, entfernt
  oder bleibt aus

➜ Sowohl positive, als auch negative Verstärkung erhöht die Auftretenwahrscheinlichkeit
  eines gezeigten Verhaltens

Bestrafung:

- Positive Strafe („klassische Form" der Strafe):
  Hinzufügen eines unangenehmen Reizes

- Negative Strafe:
  Etwas Angenehmes wird entfernt bzw. bleibt
  aus

➜ Reduziert die Auftretenswahrscheinlichkeit
  des gezeigten Verhaltens

Eine ausführliche Erläuterung der lernpsychologischen Sachverhalte würde den Rahmen dieses Buches sprengen. Auch handelt es sich bei Konditionierung (siehe vorhergehendes Kapitel) und Verstärkung/Bestrafung nur um einen kleinen Aspekt der gesamten Lernpsychologie. Wer sich genauer dafür interessiert, findet auch hier sicherlich weitere Informationen in bereits vorhandener Fachliteratur. Wichtig finde ich, wie bereits vorhin erwähnt, dass man sich dieser Mechanismen einfach mal bewusst wird. Dass also auch die Beendigung oder Entfernung von etwas Unangenehmem als positiv empfunden wird. Oder dass das Ausbleiben oder Entfernen von etwas Positivem als negativ empfunden wird.

Ich möchte jedoch an dieser Stelle lieber noch etwas genauer auf die positive Verstärkung eingehen. Also auf das positive Bestätigen einer richtigen Reaktion, sei es mit Stimmlob, Futterlob, einer Pause oder einfach einem positiven Gefühl.

In der positiven Verstärkung liegt in meinen Augen der goldene Schlüssel zu einer harmonischen, vertrauensvollen und vor allem freudvollen Zusammenarbeit zwischen Pferd und Mensch. Vermutlich sogar eines jeden Zusammenlebens.

Unsere Gesellschaft baut leider eher auf einem tadelnden, missbilligenden Umfeld auf, das den Fokus allzu sehr auf Negatives richtet. Sehr selten wird gelobt und wenn dann oft nur mit einer daran angeknüpften Bedingung. Aber getadelt und korrigiert wird im Gegenzug sehr oft. Den Menschen geht es oft genauso wie den Pferden: Sie wissen oft, was falsch ist. Wissen aber nicht, was stattdessen besser wäre.

Es ist jedoch möglich aus diesem Teufelskreis auszubrechen und dem Pferd einen neuen Rahmen des Zusammenseins anzubieten. Einer der schönen Nebeneffekte dabei ist, dass sich dadurch unser gesamtes Leben und unsere eigene Wahrnehmung mitverändert. Denn wer damit beginnt mit seinem Pferd ein positives Lernumfeld zu kreieren – selbst dann, wenn ihm das bisher in seinem Leben selbst nicht vergönnt war – der wird fast automatisch auch im Aussen, in seiner eigenen Welt, damit beginnen dieses positive Klima zu verbreiten. Denn dieses positive und wohlwollende Gefühl macht richtiggehend süchtig und wirkt ansteckend. Und es geschieht ein oftmals wundervoller Wandel, den sich manch einer kaum vorstellen kann, wenn man sich nach der Idee der positiven Verstärkung ausrichtet und sie in seinem Leben regelrecht verinnerlicht und kultiviert.

Für mich bedeutet positive Verstärkung / Bestätigung, dass wir unsere Aufmerksamkeit dem Positiven zuwenden und das Negative weitestgehend ausblenden oder ignorieren. Es ist wie eine neue innere Ausrichtung, die stattfindet. Und dann versucht man das Positive zu vermehren und zu kräftigen, indem man sozusagen nachdoppelt. Man bestätigt also das Positive immer und immer wieder und festigt so das jeweilige Verhalten. Hinzu kommt, dass man mit dieser inneren Ausrichtung auch erst auf die vielen kleinen positiven Dinge aufmerksam wird. Man sucht das

Positive selbst dann, wenn es noch so klein und unscheinbar ist und beginnt dann damit es zu vermehren.

Damit will ich nicht sagen, dass Strafe gar keinen Platz hat oder vollkommen falsch wäre. Denn auch sie ist letztendlich nur ein Werkzeug. Jedoch spreche ich in solchen Momenten heute lieber von einer Korrektur, als von einer Strafe. Und es gehört, wie nun bereits schon mehrfach erklärt, eben auch zu unserer Aufgabe dem Pferd Grenzen aufzuzeigen und es zu korrigieren, falls es sich falsch verhält. Auch in der Natur kann man dies beobachten. Stuten korrigieren ihre Fohlen schon sehr früh, wenn sie sich nicht richtig benehmen. Eben: Erziehung.

Es geht mir bei der positiven Verstärkung um eine innere Grundeinstellung, eine innere Ausrichtung. Darum den Blick für das Positive zu schärfen um es dann gezielt zu verstärken und zu vermehren. Eine Einstellung zu gewinnen, die sagt: „Ja genau, das möchte ich von Dir!" Und nicht eine, die ständig nur sagt: „Nein so will ich das nicht"

Wenn wir uns innerlich auf das Positive – und dabei ganz oft auch einfach den ersten zaghaften Versuch des Pferdes in die richtige Richtung – ausrichten, dann entsteht automatisch ein wohlwollendes und positives (Lern-)Klima. Denn es wird ganz grundsätzlich einmal geschätzt, was das Pferd uns anbietet. In diesem Lernklima fühlen sich Pferde sehr wohl und können darin teilweise zu Höchstformen heranwachsen. Genau wie Menschen übrigens auch.

Seit ich die positive Verstärkung kenne, wurde ich regelrecht süchtig danach. Warum? Weil es einfach ein unglaublich bereicherndes Gefühl auslöst – bei mir und bei meinem Gegenüber, Mensch wie Pferd. Wenn man dieses Prinzip erst einmal verinnerlicht hat, dann entwickelt man beinahe schon einen sechsten Sinn für Momente oder Situationen, die man dann positiv bestätigen und verstärken kann.

In diesem Zusammenhang möchte ich auch nochmal kurz die negative Verstärkung erwähnen. Also das Entfernen eines negativen Reizes bzw. die Beendigung von etwas Unangenehmem. Ich glaube den Wenigsten ist bewusst, dass es diese Form des Lernens gibt bzw. dass man dies bewusst nutzen kann, um das Pferd etwas zu lehren. Man kann also das Pferd einerseits mit Lob bestätigen oder eben auch indem man etwas Unangenehmes beendet. Befindet sich das Pferd bspw. in einer Situation, die es stresst, dann kann es für das Pferd das grösste Lob sein, wenn man es einfach aus dieser Situation entlässt oder befreit. Da dies zu einem Gefühl der Erleichterung führt, ein durchwegs positives Gefühl also.

Und lernen hat nunmal sehr viel mit Gefühlen zu tun. Entsteht ein positives Gefühl, wird sich das jeweilige Verhalten vermutlich öfter zeigen. Entsteht ein negatives Gefühl, wird das jeweilige Verhalten vermutlich weniger werden. Natürlich ist dies viel zu verallgemeinernd und pauschalisiert – aber dennoch gibt es einen guten Rahmen und ein Grundgerüst für die komplexe Thematik des Lernens.

Gefühle haben aber auch ganz grundsätzlich einen starken Einfluss auf das Lernen. Wenn beim Lernen etwas mit intensiven Gefühlen – positiv wie auch negativ – gekoppelt ist, dann sitzt es auch viel besser. Gefühle sorgen sozusagen dafür, dass etwas im Gehirn in „tieferen Schichten" oder mit stärkeren Vernetzungen abgespeichert wird. Ähnlich ist es dann auch beispielsweise mit Erinnerungen. Erinnerungen, die mit intensiven Gefühlen gekoppelt sind – sei es Freude oder Angst – sitzen tief im Gedächtnis und sind von dort teilweise gar nicht so einfach wegzukriegen. Dies ist wohl mit ein Grund, weshalb besonders traumatische Erfahrungen bei Mensch und bei Tier so schwer zum auflösen oder womöglich gar auslöschen sind. Denn es sind die intensiven Emotionen, die daran gekoppelt sind und das Ganze im Gehirn regelrecht verankern.

Doch zurück zum eigentlichen Lernen mit positiver Verstärkung: Innerhalb eines Lernprozesses, wenn es also darum geht, dass ein Pferd etwas Neues lernen soll, lohnt es sich JEDEN EINZELNEN ANSATZ IN DIE RICHTIGE RICHTUNG positiv – also bspw. mit Lob oder Futter – zu bestätigen. So weiss das Pferd, dass es auf dem richtigen Dampfer ist und wird das gewünschte Verhalten wiederholen und auch verfeinern können.

189

Wenn wir dem Pferd gar keine Reaktion auf seine Versuche schenken, ist das oftmals für die Pferde fast genauso frustrierend, als wenn wir sie ständig tadeln und korrigieren würden. Denn sie schwimmen dann regelrecht in der Situation. Und woher sollen Pferde denn auch wissen, was genau wir von ihnen wollen, wenn wir gar keine Reaktion auf ihre Versuche zeigen? Kommunikation bedeutet sich mitzuteilen. Wenn wir ständig nur sagen, was wir alles nicht wollen, dann weiss unser Gegenüber deshalb noch lange nicht, was wir eigentlich stattdessen gerne hätten.

Versetze Dich in die Lage des Pferdes. Stell Dir vor Du würdest einem Menschen begegnen, der von einem unbekannten Volk stammt, der eine ganz andere Sprache spricht als Du und der sich ganz andersartig zu verhalten scheint. Nun würdest Du alles Mögliche versuchen, um herauszufinden, was er denn von Dir möchte oder wie ihr Euch gegenseitig verständigen könntet. Du würdest mit Versuch und Irrtum herauszufinden versuchen, was angemessen ist und was nicht. Du würdest also verschiedene Verhaltensweisen und / oder Reaktionen zeigen und auf die Reaktion des Gegenübers warten. Um abzuschätzen, was davon gut ankommt und was weniger gut ankommt. Und nun stell Dir vor, dieser Mensch würde Dir keinerlei Reaktion auf Dein Verhalten zeigen. Würde stumm dastehen und Dich einfach nur anstarren. Oder womöglich sogar manche Versuche von Dir bestrafen und Dich dann aber wieder einfach nur anstarren.

Ganz schön stressiges und frustrierendes Gefühl, nicht?

Genau so ergeht es unglaublich vielen Pferden. Sie kommunizieren ständig, sie versuchen verschiedene Antworten / Verhalten aus – doch der Mensch wirkt wie eingefroren und „vergisst" zu reagieren. Oder aber, der Mensch ist ständig nur am korrigieren und zeigt nicht, was er wirklich will, sondern ständig nur, was er alles nicht will.

Ich hoffe, dass dieses Beispiel von vorhin Dir dabei hilft, besser zu verstehen, was oftmals in der Kommunikation zwischen Mensch und Pferd stattfindet und was stattdessen stattfinden könnte.

Abgesehen davon muss man ein falsches Verhalten nicht immer korrigieren oder tadeln. Oftmals genügt es auch es einfach zu ignorieren. Ignorieren ist, wie bereits erwähnt, ein sehr wertvolles Instrument im Umgang mit Pferden. Besonders in Lernprozessen von Versuch und Irrtum, kann es hilfreich sein auf falsche Antworten einfach mit Ignorieren zu reagieren. Vorausgesetzt, das Pferd weiss, dass es für die richtige Antwort belohnt wird! (sonst wären wir ja wieder gleich weit wie beim vorherigen Beispiel mit dem Menschen aus dem unbekannten Volksstamm). Wenn Pferde aber wissen, dass das erwünschte Verhalten positiv quittiert wird, dann beginnen sie von ganz alleine verschiedene Antworten aus um die richtige Reaktion – die, welche dann eben positiv bestätigt wird – herauszufinden. Dann sind sie innerlich motiviert, weil sie wissen, dass sie eine Chance bekommen, dass die richtige Antwort auch entsprechend quittiert und honoriert wird.

Ist der Lernprozess einer einzelnen Lektion einmal vollendet, muss nicht mehr zwingend jede Einzelheit positiv bestätigt werden. Denn neu Gelerntes soll ja später zur Gewohnheit werden, damit es gefestigt wird. Dann kann man das Lob auch mal erst dann bringen, wenn die Leistung beispielsweise ausserordentlich gut war. Das Loben wird dann zu einer Art Jackpot-Spiel. Manchmal kommt es und manchmal nicht, aber das Pferd weiss nie genau, wann das Lob kommen wird. Was nicht zuletzt auch die Erwartungshaltung und somit die Motivation des Pferdes steigert.

Wenn wir daran arbeiten ein bestehendes Verhalten oder eine bestehende Lektion zu verfeinern, sollten wir erneut jeden Ansatz in die gewünschte Richtung bestätigen. So können wir innerhalb einer bereits gelernten Lektion noch weitere Steigerungen und Perfektionierung herauskitzeln.

Aber wie schon mehrfach gesagt, möchte ich keine detaillierten Anleitungen geben wie man was wann am Besten machen könnte. Die Erläuterungen sollen viel mehr Dein Bewusstsein für die beständig ablaufenden Lernprozesse und die vielen Möglichkeiten des Einsatzes unterschiedlicher Lernprinzipien etwas näher bringen. Letzten Endes ist es auch hier ein Gespür, das man entwickeln muss, um die verschiedenen Werkzeuge gezielt einzusetzen. Und auch ein Gespür für das Lernen und Lehren an sich. Und für ein positives Lernklima. Für mich ist das heute eher eine grundlegende Lebenseinstellung als eine Technik oder reine Theorie.

Natürlich ist jedes Pferd anders, genauso wie jeder Mensch anders ist. Manche sind von Haus aus lernwilliger oder leistungsmotivierter. Andere sind eher träge, faul und uninteressiert an Entfaltung und Entwicklung. Dennoch kann man mit positiver Bestätigung so manches Pferd aus der Reserve locken.

Wenn Pferde spüren, dass wir wertschätzend und wohlwollend mit ihnen umgehen, uns über ihre Fortschritte ehrlichen Herzens freuen und uns unserer Lehrfunktionen bewusst sind, beginnen sie sich vertrauensvoll in unsere Hände zu begeben. Und so manches Pferd erblüht und erstrahlt von Neuem, wenn SEINE Versuche und Ansätze entsprechend gewürdigt werden. Auch wenn seine Versuche und Ansätze womöglich weit weg sind von denen anderer Pferde. Aber hier geht es einmal mehr darum, das Pferd so anzunehmen, wie es ist. Seine Individualität und Eigenheit zu achten, zu schätzen und zu respektieren. Denn jedes Wesen läuft in seinem Tempo und mit seinen Möglichkeiten durch's Leben und wir tun gut daran, diese Individualitäten anzunehmen.

Wenn wir von positiver Bestätigung sprechen, müssen wir uns aber auch noch kurz anschauen, was überhaupt von einem Pferd als Lob empfunden wird.

Am einfachsten und erfolgsversprechendsten ist sicherlich Futterlob. Ich persönlich bin ein grosser Fan von Futterlob. Denn Pferde verstehen Futter direkt als positive Bestätigung. Da muss ich nicht erst etwas positiv konditionieren. Denn Futter ist für fast jedes Pferd eine unmittelbare, unmisverständliche positive Bestätigung – und vielfach auch ein Motivations- grund. Warum? Nicht etwa weil sie einfach nur ver- fressen sind – was sie im Übrigen tatsächlich sind, da sie ja in der Natur auch rund 16-18 Stunden des Tages mit Futtersuche beschäftigt wären. Aber Futter ist wie eine Art Universalsprache, die einfach funktio- niert. Vermutlich weil Futter der Lebensinhalt für die Pferde ist, denn Nahrung bedeutet Leben.

Es gibt jedoch auch Pferde, bei denen ich Futter- lob nicht sinnvoll finde. Dies betrifft vor allem „maulige" Pferde. Pferde also, die gerne schnappen, beissen oder ständig mit ihrem Maul herumspielen müssen. Bei diesen Pferden empfinde ich Futterlob als kontraproduktiv. Man möchte sie ja ohnehin et- was von ihrer „aktiven Maulzone" wegbringen, da es nicht nur lästig, sondern teils auch gefährlich wird mit ihren hyperaktiven Mäulern. Oder wenn Pferde zu gierig werden und sich dann vor lauter Gier auf das Futter kaum noch auf die eigentliche Arbeit konzent- rieren können. In beiden Fällen finde ich Futterlob daher kontraproduktiv.

Doch auch Futterlob muss bewusst eingesetzt werden um den gewünschten Effekt zu erreichen. Direkt nach einer zu lobenden Handlung also. Futter am Ende einer Reiteinheit ist sicherlich erfreulich für das Pferd, hat jedoch mit Lernen nichts zu tun. Macht man das regelmässig, lernt das Pferd höchstens, dass das Futter am Ende einer Reiteinheit zur Gewohnheit wird. Und wenn diese dann mal ausbleibt, dann kann dies durchaus zu Problemen führen, weil das Pferd auf seine Gewohnheit besteht. Wir müssen also achtsam sein mit Gewohnheiten, die wir in unseren Pferden installieren.

Zum Loben haben wir maximal 3 Sekunden Zeit, damit das Pferd die jeweilige Handlung / Reaktion mit dem Lob verknüpft. Im falschen Moment gelobt und schon hat das Pferd eine falsche Verknüpfung gemacht. Zeigt uns unser Pferd also etwas, das wir wünschen, dann müssen wir dies <u>unmittelbar</u> bestätigen.

Es ist ausserdem wichtig zu verstehen, dass man mit Futterlob das Vertrauen eines Pferdes nicht kaufen kann. Aber man kann das Vertrauen und somit die Beziehung zwischen Pferd und Mensch mit Futterlob stärken und intensivieren, wenn es richtig und gezielt eingesetzt wird. Ausserdem kann Futter auch eine durchaus beruhigende Wirkung auf Pferde haben.

Natürlich gibt es noch weitere Möglichkeiten ein Pferd positiv zu stimmen: Stimmlob, eine Pause geben, die Arbeit beenden / das Pferd aus der Arbeit entlassen, mit dem Pferd etwas machen, was es gerne mag, langsame und sanfte Streichelungen, usw. Es gibt also beinahe unzählige Möglichkeiten um ein positives Lernklima zu erschaffen und am Besten ist es immer, wenn man aus dem Vollen schöpft und unterschiedliche Varianten für die Erschaffung eines solchen Lernklimas bereit hält.

Das Stimmlob kann dabei mit einem Futtermittel zusätzlich noch verstärkt und somit konditioniert werden. Dies geschieht relativ schnell, wenn man Futtermittel und Stimmlob oft genug gemeinsam bringt. Wenn ich also Stimmlob, z.b. „brav" und Futterlob so miteinander kombiniere und dadurch konditioniere, wird es für mich in der täglichen Arbeit sehr viel einfacher. Da ich vielleicht nicht immer schnell genug das Futter aus der Tasche hervorkramen kann und dabei den richtigen Zeitpunkt der Bestätigung verpassen würde. Oder auch dann, wenn ich mit meinem Pferd auf Distanz arbeite und deshalb nicht die Möglichkeit habe unmittelbar auf ein richtiges Verhalten Futter zu geben. Oder allerspätestens dann, wenn ich mitten in einer Lektion bin und das Pferd darin bestätigen möchte, dass es auf dem richtigen Weg ist, ich die Lektion jedoch noch nicht direkt beenden bzw. unterbrechen möchte, weil wir noch mitten drin stecken. In so einem Fall würde reines Futterlob nämlich den Fluss der Aktion stören. Stimmlob ist also ein nicht zu unterschätzendes Hilfsmittel!

Ich stelle auch immer wieder fest, dass Pferde ein ehrlich gemeintes, wohlwollendes und positives Stimmlob durchaus auch direkt verstehen - ohne, dass man es vorher mit Futter „erklären" oder kondi-

tionieren müsste. Denn Pferde verstehen und empfangen die von uns ausgesandten Gefühle. Wenn ich
meine Freude gegenüber einer Leistung oder gegenüber einer Reaktion des Pferdes ehrlich meine und
ihm diese Freude auch zeige, dann versteht das ein
Pferd auch ohne eine Konditionierung im Hintergrund.

Genauso wertvoll und positiv kann es aber auch
sein dem Pferd eine Pause zu geben. Sei es eine kurze
körperliche Pause innerhalb einer anstrengenden
Arbeitseinheit oder aber auch eine Denk- oder Ver-
schnaufpause. Ich erlebe es oft, dass Pferde die erlebten Eindrücke gerne kurz verarbeiten möchten.
Wenn man ihnen in diesem Moment eine kurze Pause schenkt, senken sie meist den Kopf, beginnen zu
kauen und zu lecken und fangen an die Eindrücke zu
verarbeiten. So manche Pause ist im Übrigen wertvol-
ler als die Arbeitseinheit selbst!

Eine weitere grossartige Möglichkeit dem Pferd
ein positives Lernklima zu schenken, besteht darin,
das Pferd direkt nach getaner Arbeit oder einer besonderen Leistung zu entlassen. Will heissen: Abstei-
gen, absatteln, zurück in den Stall oder (noch besser)
auf die Weide. Und nicht nach einer tollen Leistung
seitens des Pferdes noch lange um's Pferd
herumwuseln. Auch hier gilt wieder: Die Welt aus
Sicht des Pferdes erkennen. Für das Pferd ist es ein
viel grösseres Geschenk, wenn es nach getaner Arbeit
auf die Weide oder zurück zu seinen Artgenossen

kann, als noch lange vom Menschen „betüdelt" zu werden.

Besonders mit dieser Herangehensweise durfte ich schon die unglaublichsten Erfahrungen machen. So erhalten die Pferde nämlich auch die Möglichkeit das unmittelbar Geschehene direkter zu verarbeiten und es rattert dann im Pferdekopf nach getaner Arbeit noch weiter. So kommt es durchaus vor, dass man bei der nächsten Trainingseinheit nicht mehr dort weitermacht, wo man aufgehört hat, sondern bereits ein paar Schritte weiter vorne.

Lernen geschieht eben nicht nur im jeweiligen Moment, lernen geschieht auch in der Nachverarbeitung. Und dieser Effekt des „Nachratterns" ist nicht zu unterschätzen. Genau genommen wird eigentlich in der Zeit dazwischen gelernt, in der die Verarbeitung des Gelernten stattfindet. Das ist beim Menschen übrigens genauso.

An dieser Stelle möchte ich auch nochmal erwähnen, dass nur ein entspannter Geist fähig ist zu lernen. Wir müssen uns klar vor Augen halten, dass unter Anspannung nicht gelernt werden kann. Deshalb merke: Lernen bedingt Entspannung!

Doch wenden wir unseren Blick nun nochmal ganz kurz dem Thema der Strafe, des Tadels bzw. der Korrektur zu. Auch auf die Gefahr hin, dass ich mich hier wiederhole. Aber: Woher soll ein Tier wissen, was es bei seinem Menschen tun darf und was nicht?

Woher soll es wissen, welches Verhalten angebracht ist und welches nicht? Und woher soll es wissen, welche Regeln im Zusammenleben mit dem jeweiligen Menschen gelten sollen? Besonders auch im Hinblick darauf, dass die Regeln noch nicht einmal einheitlich an die Gattung Mensch gekoppelt sind, sondern immer an das Individuum Mensch.

Da gibt es keine in Stein gemeisselten 10 Gebote auf die es sich beziehen könnte. Keine niedergeschriebene Verhaltensklausel, die es lesen könnte (wenn es denn lesen könnte). Und aus Sicht der Pferde sind Menschen sowieso alle unterschiedlich und teils widersprüchlich in ihrem Verhalten. Insofern muss ich meinem Tier auch zeigen, wann es eine Grenzüberschreitung bei mir macht. Genau wie dies auch in der Herde vorkommt. Aber - und an dieser Stelle kommt ein grosses ABER – ich möchte es noch einmal betonen: Es geht um das WIE. Tadel bzw. Korrektur an sich sind nichts Schlechtes und nichts Falsches, vorausgesetzt der Rahmen ist angemessen, emotionslos/sachlich und begründet.

Angemessen bedeutet für mich, dass das Mass bzw. die Intensität der Korrektur dem bestehenden Zusammenhang angepasst ist. Kennt ein Pferd den Rahmen bereits und überschreitet eine Grenze bewusst, erfolgt die Korrektur in einem anderen Rahmen bzw. einer anderen Intensität, als wenn das Pferd gar nicht wissen konnte, dass es nun einen „Fehler" gemacht hat. Die Angemessenheit der Korrektur ist das A und O jeglichen Tadels!

Jegliche Form von Korrektur, die eben nicht angemessen ist, die emotionsgeladen und womöglich sogar unbegründet ist, hat im Miteinander mit dem Pferd nichts zu suchen.

Im Rahmen von Korrektur/Tadel gibt es, wie zu Beginn des Kapitels erläutert, zwei unterschiedliche Möglichkeiten dessen, was von einem Pferd als negativ empfunden wird. Zum Einen die positive Strafe, also das Hinzufügen eines unangenehmen Reizes. Das wäre die wohl bekannteste Form der Korrektur. Zum Anderen die negative Strafe, bei der etwas Positives weggenommen wird. Hier werden also bspw. Privilegien gestrichen oder positive Erwartungen nicht erfüllt.

Je mehr man sich mit diesen Werkzeugen bzw. Hilfsmitteln auseinander setzt, desto mehr Möglichkeiten stehen einem im Umgang mit dem Pferd zur Verfügung. Und erneut ist es die Bewusstheit die den Unterschied macht. Bewusstheit darüber, was für Möglichkeiten es gibt. Aber auch Bewusstheit darüber, was man wann anwendet und wieso. Dieses wieso macht in meinen Augen den Unterschied aus. Und ich muss nochmal wiederholen: Wer weiss, was er wann und wieso tut, der führt.

Merke: Setze die Idee eines positiven, wohlwollenden Lernklimas an oberste Stelle im Zusammensein mit Deinem Pferd. Lass nicht zu, dass ihr von Negativität eingehüllt werdet. Freue Dich über jeden Schritt in die richtige Richtung und gib Deinem Pferd

Rückmeldungen dazu! Lass es nicht im Dunkeln tappen. Sondern führe es, leite es und zeige ihm, was Du Dir von ihm wünschst.

It's all about trust

Es geht nur um Vertrauen. Das Vertrauen des Pferdes in uns, aber auch unser Vertrauen in das Pferd und unser Vertrauen in uns selbst.

Es wird zum Glück immer mehr darüber gesprochen / geschrieben / berichtet, wie man das Vertrauen eines Pferdes in den Menschen fördern kann. Seltener jedoch wird darüber gesprochen, wie wichtig das Vertrauen des Menschen in sein Pferd und auch in sich selbst ist!

Wenn ich meinem Pferd in manchen Situationen (noch) nicht vertrauen kann, dann kann ich auch nicht loslassen. Ich meine damit nicht nur ein innerliches Loslassen, sondern auch das Nicht-Loslassen, das sich im Aussen durch zu starr angezogene Zügel, kurzgehaltene Stricke, klemmende Beine und angespannte Körperhaltung zeigt. Ganz oft liegt die Lösung einer Situation schlicht und ergreifend im Loslassen.

Wer ständig die Kontrolle sucht, sei es über eine Situation oder tatsächlich über sein Pferd, der wird wahres Vertrauen niemals finden können. Denn Vertrauen findet man nur fernab jeglicher Kontrolle.

Wir Menschen sind stetig dazu aufgefordert uns darüber bewusst zu werden, wie viel Kontrolle (Rahmengebung) und wie viel Freiheit im einzelnen Moment stimmig sind. Dieser schmale Grat ist nichts Statisches, sondern verschiebbar und flexibel. Und muss in jedem einzelnen Moment und in jeder einzelnen Situation neu kalibriert werden.

Manchmal geben wir vielleicht zu vie Freiheit, dann müssen wir das erkennen und die Rahmenbedingungen neu setzen. Manchmal sind wir zu kontrolliert bzw. kontrollierend, dann müssen wir die Grenzen weiter aussen stecken und mehr Freiheit schenken.

Ich betrachte das Ganze wie einen Tanz, in dem der Mensch führt. Für mich ist weder die absolute Freiheit, noch die absolute Kontrolle das Gelbe vom Ei. Alles, was zu einseitig ist oder sogar „nur das Eine" zulässt, ist in der Regel nicht fruchtbar.

Ich habe es zwar mittlerweile schon ein paar Mal geschrieben, aber: Wir müssen flexibel sein!

Doch genau diese Flexibilität fällt den meisten von uns schwer. Wir sind es einfach zu sehr gewohnt in einer klar definierten Welt zu leben. Deshalb führt der Weg zu einem flexiblen Umgang mit dem Pferd – und unserem eigenen Leben – so manches Mal mitten durch unsere eigenen Unfreiheiten hindurch und bedingt oftmals eine Neukalibrierung unserer eigenen Realität.

Vielleicht geht es auch um die Entwicklung eines gewissen Urvertrauens, das uns als stabiles Fundament dient und von dem aus wir uns bewegen können. Vielleicht haben wir zu sehr dieses Urvertrauen verloren, so dass wir so oft nach Schemata, Anleitungen oder klar definierten Rahmenbedingungen suchen. Vielleicht haben wir deshalb so oft Angst vor der Freiheit oder vor dem Loslassen. Oder auch davor, etwas zuzulassen.

Ich möchte Dich fragen: Wie sehr vertraust Du Deinem Pferd?

Und wie sehr vertraust Du Dir selbst?

Und wie sehr vertraust Du dem Leben an sich?

Diese Fragen mögen etwas philosophisch wirken, sind jedoch Schlüsselfragen um eine tiefere Verbindung zum Pferd aufbauen zu können. Es sind diese und ähnliche Fragen, die Dich dazu auffordern können tiefer in Dich selbst hinein zu gehen. Dich mit Deinen eigenen Themen genauer zu befassen, Dich zu befreien und dann bei Deinem Pferd einfach nur noch zu ernten. Jede Form der Selbst-Entwicklung, die uns näher zu uns selbst und unserem wahren Kern führt, wird uns in unserer Beziehung zu den Pferden dienlich sein. Je näher wir uns selbst kommen, desto näher kommen wir auch den Pferden. Und umso tiefer wird die Verbindung und auch die Kommunikation.

Vertrauen ist, genau wie Kommunikation, keine Einbahnstrasse. Wenn wir uns das Vertrauen unseres Pferdes wünschen, dann sollten wir auch bemüht sein dem Pferd unser Vertrauen zu schenken. Und wenn wir spüren, dass wir ihm nicht mehr Vertrauen schenken können, dann lohnt es sich vermutlich sich einmal eingehender mit diesem Thema zu befassen. Sich vielleicht zu fragen, warum man nicht stärker vertrauen kann. Was einem blockiert und beängstigt.

Oder wenn Du feststellst, dass Dein Pferd dir nicht genügend vertraut, dann frage Dich einmal, wie sehr Du Dir selbst vertraust – Deinem Leben, Deinen Handlungen, Deinen Gedanken und Deinem Sein.

Es sind tatsächlich diese und ähnliche Fragen bzw. Themen, die die Beziehung von uns Menschen zu den Tieren und der Natur als Gesamtes zu verändern vermögen. Es sind diese Auseinandersetzungen mit uns selbst, die uns dazu bringen Schicht für Schicht abzutragen von dem, was uns nicht dienlich ist oder uns in unserer Kraft und Freiheit blockiert.

Und mehr und mehr können wir dann im Glanze unseres eigenen Lichtes erstrahlen. Und mehr und mehr können wir dann nicht nur die sanfte Stimme unserer Intuition, sondern auch die sanfte Stimme der Pferde klarer und deutlicher hören.

Problempferde?

Zum Schluss möchte ich noch einmal festhalten, dass es für mich keine Problempferde gibt. In meinen Augen gibt es nur misverstandene, unglückliche, unzufriedene und zu kommunizieren versuchende Pferde.

Ich sehe „Problempferde" sogar viel eher als Botschafter der gesamten Spezies Pferd. Es sind diejenigen, die sich aktiv bemerkbar machen und so den Menschen dazu auffordern doch endlich aufzuwachen. Es sind diejenigen, die sich nicht einfach unterwerfen oder in eine bestimmte SItuation hineinschicken. So gesehen sind sie wohl irgendwie Engel, die uns geschickt werden, um uns mitten in unsere eigenen Prozesse hinein zu manövrieren. Prozesse des Erwachens, Erkennen, Lernens und der Reifung.

Pferde werden aus Sicht des Menschen nunmal dann zu „Problempferden", wenn sie sich zur Wehr setzen, wenn sie nicht (mehr) funktionieren und es dadurch leider schnell auch mal gefährlich mit ihnen wird.

Wie bereits erwähnt, sind die meisten Verhaltensweisen, die Pferde zeigen, jedoch natürlichen Ursprungs. Sie passen nur leider nicht in die mensch-

lichen Vorstellungen und werden daher „uner-
wünschtes Verhalten" genannt.

Auf der anderen Seite gibt es aber auch ganz klare Verhaltensstörungen, wie bspw. das Weben oder
Koppen. Doch auch diese entstammen fast immer
falscher (nicht artgerechter) Haltung und/oder einem
falschen Umgang mit dem Pferd. Der Einfachheithal-
ber möchte ich jedoch hier nicht tiefer auf Verhaltensstörungen eingehen, sondern bei den uner-
wünschten Verhaltensweisen bleiben, zu denen die
meisten Probleme zwischen Pferd und Mensch meiner Meinung nach zählen.

„Problempferde" oder sagen wir besser: Probleme mit dem Pferd entstehen jedoch nicht über
Nacht. Tatsache ist, dass diese Pferde bereits zuvor
gezeigt haben, dass etwas nicht stimmt. Es sind aber
eben anfänglich meist nur Kleinigkeiten und Nuancen, die die Menschen vielfach gar nicht wahrnehmen oder bemerken. Wie schon einmal gesagt: Der
Teufel steckt im Detail.

Deshalb kommt es den meisten Pferdebesitzern
auch vor, als ob das negative Verhalten tatsächlich
„ganz plötzlich" entstanden wäre. Weil sie leider erst
die überdeutliche Reaktion des Pferdes hören bzw.
sehen.

Würde der Mensch die Vorzeichen für nahende
Probleme frühzeitig erkennen und richtig darauf reagieren, hätten wir nicht so viele Probleme mit Pfer-

den. Denn es ist um so vieles einfacher bereits bei einer aufkommenden Tendenz Gegensteuer zu geben und das Boot wieder auf Kurs zu bringen. Als einen bereits entstandenen Scherbenhaufen zusammen zu wischen und all die Scherben einzeln wieder zusammen zu kleben.

Ob man ein Verhalten verändern kann, ob man den Weg zurück zur Harmonie findet, hängt davon ab wie lange in der Vorzeit womöglich weggeschaut wurde und wie viel dabei kaputt gegangen ist. Ob sich ein neues Miteinander entfalten kann, hängt aber vor allem auch von der Ausdauer und dem Willen des Menschen ab. Denn sogenannte „Problempferde" sind zwar die allerbesten Lehrmeister für uns, denn sie fordern und fördern uns enorm. Aber sie bringen uns eben damit durchaus auch an unsere persönlichen Grenzen.

Der Weg vom Problempferd zum Partnerpferd verläuft oft steinig und ist mit vielen Rückschlägen verbunden. Manchmal geht man zwei Schritte nach vorne und danach wieder drei Schritte zurück. Der Mensch muss besonders in solchen Konstellationen mehr als einmal „JA" sagen zu seinem Pferd und dem gemeinsamem Weg. Rückschläge gehören auf diesem Weg unweigerlich dazu, wichtig ist deshalb immer die Tendenz. Solange die Tendenz über einen grösseren Zeitraum in die richtige Richtung geht, befindet man sich auf dem richtigen Weg.

Ich kenne einige Menschen mit wirklich schwierigen Pferden. Die meisten haben ihr Pferd so übernommen und sind nicht für die Probleme verantwortlich. Sie dürfen sozusagen (ich entschuldige mich schon jetzt für die Ausdrucksweise): Die Scheisse der Anderen wegräumen.

Es benötigt unglaublich viel Willen, Zeit und zuweilen auch Geld um ein schwieriges Pferd zu einem Partnerpferd umzuformen. Aber es ist möglich! Und ich wünsche jedem, der ein solches Pferd hat, dass er jemanden findet, der ihn dabei begleitet und unterstützt. Und der ihm manchmal einfach nur mit Mitgefühl und Verständnis beiseite steht und ihm Kraft gibt für diese herausfordernde und oft belastende Situation.

Falls auch Du Probleme mit Deinem Pferd hast, lasse sie nicht zu sehr ausufern. Hole Dir frühzeitig professionelle Hilfe. Oftmals braucht es nur kleine Inputs um Grosses bewirken zu können. Nicht immer braucht es eine lanwierige und intensive Therapie. Manchmal fehlt einfach nur ein kleines Puzzlestück. Und wie gesagt, es ist immer einfacher ein leeres Blatt neu zu beschreiben als einen Scherbenhaufen wieder zusammmen zu setzen.

Nochmal: Die meisten „Problempferde" versuchen tatsächlich nur sich mitzuteilen. Da der Mensch aber nicht hinhört, muss ihre Sprache (ihr Verhalten) immer deutlicher werden. Das gezeigte Verhalten wird stärker, heftiger und somit auch unkontrollierbarer. Was soll das Pferd denn auch sonst tun, um auf Misstände aufmerksam zu machen? Es hat ja keine andere Möglichkeit!

Und auch das möchte ich an dieser Stelle nochmal platzieren: Die meisten Pferde möchten eine Bindung eingehen! Widerwillen ist nicht immer ein Zeichen grundsätzlicher Ablehnung oder Abneigung gegenüber dem Menschen oder einer Sache. Sondern vielleicht einfach nur eine Meinung oder Mitteilung, die Beachtung verdient.

Spannenderweise triggern viele „Problempferde" ihre Besitzer genau in den (Lebens-)Themen, die sie für sich in ihrem persönlichen Leben ebenfalls anschauen sollten. Ich behaupte ja immer, dass man nicht unbedingt das Pferd bekommt, das man sich wünscht. Aber immer das Pferd, das man für seinen persönlichen Entwicklungs- & Wachstumsprozess benötigt. Es stellt sich nur oftmals die Frage, ob der Mensch bereit ist sich auf diese inneren Prozesse einzulassen oder nicht.

Es mag durchaus auch Konstellationen geben, in denen es dienlich ist, wenn sich Pferd und Mensch nach neuen Partnern umsehen. Veränderungen der Beziehungskonstellationen können auch Chancen für neue Entwicklungen und Wachstum sein. Und natürlich gibt es auch Lebenssituationen, die eine Trennung unumgänglich machen. Nur schon deshalb, weil die Pferdehaltung ein bekanntermassen teures Hobby ist und im Leben nicht immer alles so läuft, wie wir es uns vielleicht vorstellen.

Dennoch glaube ich, dass „unpässliche Pferde" heute viel zu schnell abgeschoben werden. Wie ein Kleidungsstück, das einem nicht mehr passt und man achtlos weggibt. Anstatt, dass der Mensch sich professionelle Hilfe sucht und sich auf diesen zwar anstrengenden, aber auch befreienden, bereichernden und vor allem lehrreichen Prozess einlässt.

Ich weiss, dass es unbequem ist sich mit (s)einem Schatten auseinander zu setzen. Dass es unbequem ist, wenn man sich seine Ernte erst verdienen muss. Es kostet Zeit und Nerven und eben auch Geld. Aber ich glaube, es lohnt sich diesen Weg zu gehen! Und zwar nicht nur dem Pferd zuliebe.

Denn am Ende eines solchen Weges wird man gereifter dastehen. Man wird vielleicht sogar an einem Punkt in seinem Leben stehen, von dem man niemals für möglich gehalten hätte, dass man jemals dort sein wird.

Deshalb sind „Problempferde" für mich die allergrössten Lehrmeister für uns Menschen und trotz all der Mühen, die sie einfordern, ein Geschenk!

Schlusswort

„Wir sind eine Herde" – diese vier Worte und das Gefühl, das sie vermitteln, sollten wir in uns tragen, wenn wir unseren Pferden begegnen.

Nicht das „Ich und Du", sondern das „Wir" macht den Unterschied.

Um das „Wir" kennen zu lernen und darin eintauchen zu können, muss ich aber auch das „Du" und das „Ich" zuerst besser kennen und verstehen lernen. Denn ohne die Auseinandersetzung mit dem „Du" (Pferd) und dem „Ich" (Mensch), kann kein richtiges „Wir" (Herdengefühl) entstehen.

Ich hoffe, dass ich Dich mit diesem Buch inspirieren und Dein Herz berühren konnte. Vielleicht hast Du in diesem Buch Bestätigungen gefunden für Dinge, die Du selbst zwar genauso gespürt, aber für die Du bisher womöglich noch keine Bestätigung im Aussen gefunden hast. Vielleicht – und das würde ich mir wünschen – hast Du auch Einiges dazu gelernt und neue, hilfreiche Sichtweisen gewonnen. Vielleicht hast Du aber auch Dinge gelesen, die für Dich überhaupt nicht stimmig sind – und das ist in Ordnung! Denn herauszufinden, was für Dich stimmig ist und was nicht, hilft Dir dabei bewusst und authentisch zu werden.

Es ist nicht ganz einfach ein hochkomplexes Weltbild in einem einzelnen Buch zusammenfassen. Deshalb habe ich versucht gewisse Kernelemente, die ich als wichtig erachte, herauszuarbeiten und hoffe, dass mir dies gelungen ist.

Ich habe in diesem Buch immer wieder von Bewusstsein bzw. Bewusstheit gesprochen. Und letztendlich glaube ich, dass es tatsächlich „nur" darum geht, bewusst(er) zu werden – in unserem Leben ganz allgemein, wie auch im Zusammenleben mit unseren geliebten Pferden.

Bewusst zu werden über das, was man tut, wie man es tut und wieso man es tut.

Für mich ist es vor allem dieses bewusste Sein, das die Pferde mich gelehrt haben und noch immer stetig lehren. Es ist ein Lebensgefühl, das sie mir dabei vermitteln. Und das immer mehr auch Einzug hält in mein Leben fernab der Pferde.

Ich bin dem Leben unendlich dankbar dafür, dass es mich auf den Weg der Pferde geführt hat – und noch immer führt und dass ich andere Menschen damit berühren und inspirieren kann.

Ich habe durch die Pferde so vieles für mich und mein Leben lernen können, was ich unter Menschen wohl niemals gelernt oder gefunden hätte. Vieles von dem, was ich von Pferden lernen durfte, hat mir zuvor kein Mensch gezeigt oder zeigen können. Deswegen ist es in meinen Augen auch so wichtig, dass wir unsere oftmals allzu menschlichen Denkweisen und Meinungen weit hinter uns lassen, wenn wir unseren Pferden gegenüber treten. Dass wir uns stattdessen einfach auf sie einlassen, auf sie einstimmen und ihnen achtsam und wertschätzend zuhören. Und uns so ein Stück weit von ihrer Weisheit leiten lassen. Wie ein neugieriges, unverfälschtes Kind.

Wenn wir uns gänzlich auf das friedvolle und auf natürliche Weise entspannte Wesen der Pferde einlassen können, können wir nur lernen! Denn die Pferde sind nicht verkehrt, wir sind es. Wir sind diejenigen, die sich entrückt haben von unserer ureigenen Natürlichkeit des Seins und der Natur an sich.

Deshalb sollten wir die ausgetrampelten Pfade unseres bisherigen Daseins verlassen um tiefer einzutauchen in die magische Welt der Pferde. Eine Welt der Gemeinschaft, der Liebe und des gegenseitigen Repekts. Eine Welt, die uns näher an unsere ureigenen Wurzeln und natürlichen Bedürfnisse bringt und uns so sehr innerlich wachsen lässt. Eine Welt, die so viel mehr beinhaltet, als jedwelche Anleitung oder Technik Dir jemals geben könnte. Eine Welt, die der Natur entstammt und uns somit direkt zu unserer eigenen Natürlichkeit – unserem eigentlichen Zuhause – zurück bringt.

Öffne Dein Herz, lerne die Welt zu hinterfragen, bleibe neugierig und festige Dein bewusstes Sein.

Dann wirst Du Deine ganz persönliche Wahrheit finden und auch leben können!

Ich wünsche Dir die Offenheit, die Du benötigst, um zusammen mit Deinem Pferd in die Freiheit des Seins einzutauchen. Die Kraft und Ausdauer, die Du brauchst, um immer wieder an Dir selbst und an der Verbindung zu Deinem Pferd zu arbeiten Und ich wünsche Dir, dass auch Du in Deinem Leben entdecken kannst, zu welch wundervollen Sphären uns unsere Pferde tragen können.

Herzlichst
Patricia

Kontakt

Du möchtest genauer erfahren, wer hinter diesem Buch steckt? Oder möchtest Du vielleicht sogar mit mir in Kontakt treten?

Dann freue ich mich auf einen Besuch von Dir auf meiner Homepage oder auch auf ein Email von Dir ☺

Kontaktangaben und weitere Informationen über mich und meine Tätigkeit findest Du unter:

www.wolfsgeist.ch

Informationen zum Vertrieb und der Beratung rund um baumlose Sättel & Zubehör findest Du unter:

www.baumlos.ch